Mesurer la performance des ressources humaines

Éditions d'Organisation
Groupe Eyrolles
61, bd Saint-Germain
75240 Paris cedex 05

www.editions-organisation.com
www.editions-eyrolles.com

© Groupe Eyrolles, 2009
ISBN : 978-2-212-54279-0

LES BAROMÈTRES DE LA PERFORMANCE

David Autissier
Blandine Simonin

Mesurer la performance des ressources humaines

Préface d'Alain Thibault
Président-directeur général du
groupe Bernard Julhiet

EYROLLES
Éditions d'Organisation

Bernard Julhiet

Sommaire

Préface

Agir ou subir ? La nécessité de se transformer pour exister

Les évolutions macroéconomiques actuelles mettent les entreprises dans un tourbillon d'innovations, de crises, d'opportunités et de risques, avec la difficulté de dire s'il y a plus à y gagner qu'à y perdre. Parce que nous croyons en l'avenir et en la capacité de transformation progressiste des entreprises, le groupe Bernard Julhiet pense que la situation actuelle offre de formidables opportunités tant économiques que sociétales et accompagne les entreprises en plaçant l'humain au cœur de leur développement et de leurs transformations.

Trop longtemps, la stratégie des entreprises a été définie comme une adaptation à un environnement subi dans une logique mimétique. Le marché existe-t-il indépendamment des entreprises, sans parler de la main invisible des marchés d'Adam Smith ? Les entreprises qui réussissent ne sont pas celles qui réagissent à l'environnement mais celles qui le créent. Cela fait écho aux récentes publications sur la stratégie de l'océan bleu (W. Chan Kim, Renee Mauborgne, *Blue Ocean Strategy*, Harvard Business School Press, 2005). Le marché n'est pas une fatalité mais un terrain de jeu où doivent s'exprimer la créativité et l'innovation des entreprises dans une triple logique : commerciale, financière et industrielle.

Les RH au cœur des transformations

Se transformer, évoluer, gérer les changements, inventer les marchés de demain sont des leitmotivs, non seulement pour toutes les entreprises qui veulent se développer sur un marché, mais aussi pour toutes les organisations humaines, qu'elles soient de nature publique ou privée. Depuis une vingtaine d'années, le thème de la gestion du changement et les techniques de conduite du changement se sont développés avec un double enjeu : celui de disposer de méthodes opérationnelles et d'engager les managers dans cette dynamique. La fonction la plus légitime et la plus compétente dans l'entreprise pour traiter ces deux points est la fonction RH. Dans cet ouvrage, les auteurs nous donnent un historique de la fonction RH, mais surtout un modèle d'activités où la notion de conduite du changement apparaît comme une activité importante. Ainsi, les RH passent du statut d'administration du personnel à celui d'opérateur des transformations stratégiques de l'entreprise.

Les RH deviennent les dépositaires des techniques de gestion du changement, qu'elles diffusent dans l'entreprise par leurs dispositifs de formation, de communication et de gestion de la motivation. Transverses par nature, elles sont légitimes à œuvrer à la fois sur les méthodes, les dispositifs de déploiement et les actions réalisées en direction des managers. Dans une économie du savoir où le principal capital est la matière grise et l'engagement de cette matière grise dans les processus collectifs, la RH, en tant qu'acteur du changement, n'est pas un simple levier mais un lieu d'expertise qui impulse les transformations et les fait aboutir. Cette posture d'acteur du changement place les RH dans un rôle de mise sous tension des systèmes. Cette nouvelle responsabilité conduit les RH à se doter de nouvelles compétences mais surtout à maîtriser leurs activités et leur niveau de performance.

Mesurer la performance de la fonction RH : première priorité des DRH

Dans une enquête récente, publiée en 2008 par Boston Consulting Group et World Federation of Personnel Management Association, sur les priorités des DRH dans le monde, les DRH français positionnaient la mesure de la performance RH comme la première priorité. Notre présence quotidienne au cœur des services ressources humaines des entreprises et leurs demandes confirment ce besoin de disposer de méthodes et d'approches pour évaluer la performance d'une fonction support comme les ressources humaines.

Nous avons apprécié la collection « Les baromètres de la performance » avec ses premiers ouvrages sur le contrôle de gestion, la fonction commerciale et le système d'information, car ils proposent un modèle d'évaluation d'une fonction support intitulé « MEF ». Cela permet de sortir des approches traditionnelles en termes de coûts ou selon des méthodes du type tableau de bord prospectif qui sont pensées pour la performance globale de l'entreprise sans tenir compte de la spécificité du modèle d'activité d'une fonction support.

Nous avons voulu soutenir et nous inscrire dans ce travail pour la fonction RH qui est au cœur de notre métier. Cet ouvrage propose une méthodologie très pédagogique et didactique sur les points de vigilance d'une fonction RH, tout en proposant des grilles et des questionnaires qui objectivent un niveau de performance en comparant un existant avec des ratios standards. L'ensemble est formalisé au travers de baromètres de performance qui permettent, pour chacun des thèmes traités, de savoir où la fonction RH se situe et ses marges de progrès.

Ce livre est un guide pour bâtir un diagnostic de la fonction RH et donner aux principaux intéressés une structuration d'analyse.

Le groupe Bernard Julhiet accompagne les entreprises depuis 60 ans

Le groupe Bernard Julhiet fêtera en 2009 ses 60 ans. Depuis plus d'un demi-siècle, ce groupe leader en gestion des ressources humaines et management a accompagné de nombreux grands groupes dans leurs évolutions et transformations, avec le double souci de construire des réponses opérationnelles et d'effectuer des transferts de connaissances. Le groupe Bernard Julhiet propose une expertise dont le transfert opérationnel et méthodologique permet à l'entreprise de relever des défis et d'accroître son savoir. Son focus est la création de valeur pour le compte de ses clients. Et pour que cette création soit la plus importante, le groupe Bernard Julhiet fait évoluer son offre en permanence afin de proposer des solutions innovantes et utiles à ses clients.

Le groupe Bernard Julhiet se veut un acteur innovant et tend à encourager la réflexion et la production d'ouvrages qui participent à l'enrichissement des sciences du management : c'est dans cette optique que le groupe s'est associé aux auteurs de cet ouvrage pour que la recherche soit la plus accessible. Et comme le mentionnait Socrate, le savoir est la seule matière qui s'accroît quand on la partage.

Alain Thibault
Président-directeur général
du groupe Bernard Julhiet
www.bernardjulhiet.com

Introduction

Apprécier la performance des fonctions support

Cet ouvrage a été initié en réponse à de nombreuses questions posées par les entreprises quant à la performance de leurs fonctions support, telles que le système d'information, les ressources humaines, le commercial, le contrôle de gestion, la comptabilité, la qualité, la logistique, l'audit interne, la communication.

La recherche d'outils d'évaluation porte sur les fonctions support, mais également sur des dispositifs transverses dont la performance est difficile à formaliser. Ces dispositifs peuvent concerner l'innovation, la gestion de la connaissance, la responsabilité sociale des entreprises, la gestion du changement, la gestion de projet.

Cette demande de propositions de démarches et d'outils est souvent mentionnée lors de l'intégration de ces fonctions support ou dispositifs transverses dans la stratégie de l'entreprise. Il s'agit de déterminer le niveau de ressources nécessaires pour l'obtention d'objectifs conditionnant la réussite de la stratégie. Perçus comme des centres de coûts qu'il faut chercher à minimiser, leur appréhension peut parfois faire l'objet d'interrogations, comme le montre le discours suivant du directeur général d'un grand groupe.

> « *Tous vos tableaux de bord et techniques de pilotage me disent à quel prix je produis et mes niveaux de marge, mais je ne sais pas si je dois conserver mon service RH et les autres fonctions support en l'état. Dois-je les transformer ? Sont-ils performants ? Dois-je externaliser tout ou partie ? Je n'ai que peu d'indications concernant la performance de mes fonctions support, alors qu'elles représentent un coût non*

négligeable, mais surtout qu'elles jouent un rôle de coordination important, voire primordial, pour la réalisation de mon activité. »

Les outils de pilotage formalisés et packagés s'intéressent au business général de l'entreprise, sans faire de focus particulier sur la mesure de la performance et l'évaluation des fonctions support, dites « périphériques » et considérées comme des centres de coûts à optimiser.

Les techniques d'évaluation sont d'ordre financier, avec des évaluations économiques qui concernent toute l'entreprise, sous la forme de ratios comme l'EBITDA ou l'EVA, sur lesquels nous reviendrons plus en détail dans le chapitre 1. Les méthodes de construction des tableaux de bord, du type *Balanced Scorecard* ou navigateur Skandia, proposent des réseaux d'indicateurs à différents niveaux, mais ne traitent pas en particulier de l'évaluation fonctionnelle.

Celle-ci est absente des techniques de comptabilité analytique, des évaluations financières et des tableaux de bord, aussi, nous nous sommes intéressés à ce que pourrait être l'évaluation d'une fonction support et avons proposé à ce sujet un modèle d'évaluation fonctionnelle qui préconise une mesure selon quatre axes, dont l'ensemble permet une appréciation générale et prospective.

Ce modèle est valable pour toutes les fonctions support et les dispositifs de gestion transverses d'une entreprise. Il permet d'apprécier leur niveau de performance en termes de prestations, de compétences, d'organisation et de satisfaction clients. Par des techniques de questionnaires qui permettent de comparer une réalité à un modèle idéal, nous obtenons, pour chaque axe, une mesure quantitative qui permet de procéder à un diagnostic de performance de la fonction et de proposer des pistes d'amélioration.

Ce livre, qui traite de l'évaluation de la fonction ressources humaines, est le cinquième (après la fonction contrôle de gestion, la fonction commerciale, la fonction système d'information, la fonction logistique) d'une collection qui vise à donner, pour les différentes fonctions support et dispositifs de gestion transverses, une technique d'évaluation à partir d'un modèle de pilotage fonctionnel standard.

Pour vous aider à évaluer votre fonction ressources humaines, nous vous proposons un premier chapitre expliquant les origines et le contenu du modèle de l'évaluation fonctionnelle. Le chapitre 2 donnera une définition de la fonction ressources humaines afin d'en apprécier le périmètre. Les évaluations des prestations, des compétences, de l'organisation et de la satisfaction clients seront abordées respectivement dans les chapitres 3, 4, 5 et 6. Le chapitre 7 permettra une synthèse des évaluations des quatre axes pour constituer un diagnostic global. Le chapitre 8 présente des cas d'utilisation de ce modèle. Des annexes proposant une bibliographie commentée, les sites Internet de la fonction et les grandes problématiques RH du moment complètent cet ouvrage.

Le modèle d'évaluation fonctionnelle (MEF)

- La nécessité d'évaluer pour piloter
- Le MEF : modèle d'évaluation fonctionnelle
- Le MEF et les tableaux de bord
- Le MEF et l'évaluation financière

De nombreux articles et ouvrages sont consacrés à la notion d'évaluation. Le point commun entre toutes ces communications est le fait de privilégier des valorisations financières obtenues par des techniques d'actualisation et de pondération de certains postes de charges et de produits. Ces techniques, très utilisées lors de rachat d'entreprise et d'introduction sur différents marchés boursiers, ne valent que lorsque l'entité évaluée dispose d'un compte de résultat et d'un bilan. Comment faire quand celle-ci ne dispose pas de ces documents ? Cette question se pose lorsqu'il s'agit de réaliser les évaluations des fonctions support qui ne sont pas gérées en tant que centre de profits avec des recettes et des coûts clairement identifiés.

Comment faire pour évaluer une fonction ressources humaines, ou contrôle de gestion, qui ne réalise pas de recettes à proprement parler et dont les informations de bilan et de résultats ne sont pas aussi formalisées que pour une entreprise qui a l'obligation de fournir des comptes ? C'est à cette question que nous nous intéressons en proposant un modèle d'évaluation fonctionnelle (MEF), opérationnel et complémentaire des approches

Méthode

financières globales. Pour différencier l'évaluation financière de celle des fonctions transverses, nous qualifions cette dernière d'« évaluation fonctionnelle ».

La nécessité d'évaluer pour piloter

Comment évaluer une fonction transverse d'une entreprise ? La notion d'évaluation peut être définie comme l'élément déclencheur de la boucle du pilotage. L'évaluation consiste en la réalisation de mesures qui permettent de dire si un fonctionnement est performant ou pas et quelles sont les actions de correction et d'amélioration à mener.

Figure 1 : Le triptyque du pilotage

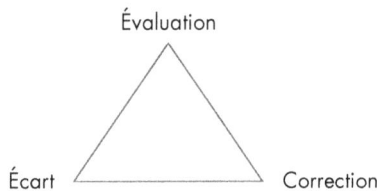

La question du pilotage est omniprésente dans les entreprises. Il ne suffit pas de faire mais de savoir si ce que l'on fait correspond à ce qui devrait être fait dans les meilleures conditions de coûts et de qualité[1]. Le management actuel exige des salariés en situation de responsabilités qu'ils produisent mais aussi qu'ils contrôlent leur activité et pensent son évolution tant au niveau micro que macro. Un directeur d'usine témoigne de ce nouvel état d'esprit managérial.

---

1. Pour exprimer cette idée, les sciences de gestion ont inventé la notion de performance. Est présumé performant ce qui est réalisé selon les objectifs attendus (efficacité) et au moindre coût (efficience).

Méthode

« *Quand je suis entré dans cette entreprise, on me demandait de pouvoir réaliser des pièces au micron dans tous les alliages, alors que maintenant on me demande de faire des tableaux de bord et autres analyses pour mieux gérer le processus de fabrication ou les variations des prix des matières premières. Ma compétence technique est devenue un prérequis à l'exercice de mon activité de pilotage.* »

La notion de mesure est très importante en gestion. Sans mesure, la boucle du pilotage ne peut être réalisée. La mesure peut être relative mais reste indispensable à toute action de pilotage car elle constitue une évaluation qui permet de voir les évolutions et d'établir les écarts par rapport à un objectif et/ou d'autres repères dans une logique d'intercomparaison. La mesure est une manière d'objectiver la réalité pour procéder ensuite à un diagnostic de celle-ci et engager des actions nécessitant des ressources. L'exemple suivant montre à quel point la mesure est importante pour agir. Ce n'est pas tant la valeur absolue qui importe mais sa définition et son évolution dans le temps.

« Y a pas d'ambiance »

Ce texte est le récit d'un responsable d'un service comptable qui a dû innover pour répondre aux attentes de ses collègues en termes d'ambiance.

« Récemment nommé directeur du service comptabilité, je décidai de m'entretenir avec tous mes collaborateurs en les interrogeant sur ce qui était bien, ce qu'il serait bien d'améliorer et ce qu'ils aimeraient faire. Mes entretiens furent riches d'enseignements sur un fonctionnement qui m'était inconnu et cela me permit de mieux faire connaissance avec mes collègues de travail. Je fus étonné sur un point. Tous sans exception se sont plaints du manque d'ambiance dans le service. Quand je leur demandais de m'expliquer pourquoi et quels étaient les éléments dont ils disposaient pour justifier cet état de fait, j'obtenais des lieux communs mais pas d'éléments objectifs me permettant d'adhérer à leurs affirmations. On me répondait par des phrases du type : "On sent que l'on dérange, les gens rient moins, certains ne disent pas toujours bonjour, il y en a de plus en plus qui font la gueule..." Était-ce vrai ou bien une manière de dramatiser une situation par peur qu'elle ne devienne comme cela ? Ma jeunesse dans le service ne me permettait pas vraiment de pouvoir valider ou invalider ces dires. Comme le sujet revenait systématiquement, je les ai convoqués à une réunion dont l'objet était d'établir une mesure de l'ambiance pour ainsi savoir s'il y avait un problème et, si oui, quelles étaient ses composantes afin de pouvoir apporter des actions correctrices. Quand j'ai proposé cela, ils m'ont regardé avec surprise en rétorquant que l'ambiance ne se mesure pas ! Il a donc fallu mettre les personnes en atelier et leur demander :

• de donner une définition et les composantes de l'ambiance ;

• de proposer une mesure pour chacune des composantes ;

• d'avancer une mesure globale de l'ambiance et des objectifs.

Cette structuration a permis de définir la notion d'ambiance sous la forme d'une équation : ambiance = relations quotidiennes + événements + lieux de détente. Pour chaque élément, les participants ont proposé des composantes observables et mesurables. Par exemple, les relations quotidiennes ont été :

• dire bonjour ;

• être positif ;

• être bien accueilli par un collègue quand on le sollicite ;

• aider un collègue quand il est en difficulté ;

• savoir remercier ;

• savoir valoriser les efforts consentis.

Pour chacun de ces items, il a été décidé d'interviewer les salariés au moyen d'un questionnaire avec des questions du type : "Quel est le pourcentage de personnes dans votre service qui savent être positives ? *a) moins de 10 % ; b) entre 10 et 25 % ; c) entre 25 et 50 % ; d) entre 50 et 80 % ; e) plus de 80 %.*"

En donnant une valeur d'indice à chaque réponse et en ayant ces mêmes valeurs d'indice pour toutes les questions, il a été possible d'avancer une valeur pour les relations au quotidien, pour les événements, les conditions de travail et, globalement, pour l'ambiance. Ce travail de définition et de mesure a permis de construire un

Taux d'ambiance

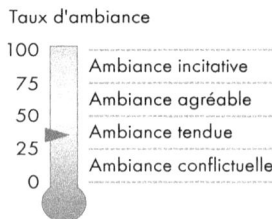

100	
75	Ambiance incitative
50	Ambiance agréable
25	Ambiance tendue
0	Ambiance conflictuelle

indice d'ambiance afin d'objectiver une réalité et d'agir en conséquence. Il a été possible de dire : " Notre indice d'ambiance est x, nos objectifs sont de y, et, pour combler l'écart, il faudra mener telles actions... "

Méthode

Le pilotage d'une fonction support réside dans le niveau d'investissement qu'un dirigeant juge pertinent au regard de ses besoins et obligations. Pour cela, nous proposons de développer le MEF qui permettra à un dirigeant d'avoir des éléments de réponse aux questions suivantes, représentatives des besoins de pilotage des fonctions support :

⬤ La fonction support me coûte-t-elle trop cher ? Quels sont les postes d'économie ?

⬤ Dois-je conserver une fonction support ou la supprimer ?

⬤ Dois-je internaliser ou externaliser tout ou partie d'une fonction support ?

⬤ Dois-je intégrer une fonction support dans les métiers de l'entreprise ou la laisser en tant que fonction indépendante ?

⬤ Quelles obligations de production puis-je demander à une fonction support ?

⬤ Le positionnement et le management de la fonction support sont-ils pertinents ?

⬤ Comment rendre une fonction support plus performante ?

⬤ Quel est le niveau de satisfaction des clients d'une fonction support ?

Comme le montre l'exemple de l'ambiance, les réponses aux questions précédentes nécessitent une objectivation et une mesure de certaines variables de gestion, représentatives de l'activité et de la performance d'une fonction support. Le MEF propose une réponse méthodologique et opérationnelle à toutes ces questions en complément des approches d'évaluation financière et des tableaux de bord stratégiques.

Les fonctions support sont des centres de production à optimiser mais également des dispositifs de pilotage et de coordination de toutes les activités de l'entreprise. L'enjeu de leur pilotage, auquel le MEF apporte des solutions, est double : performance opérationnelle et stratégique.

Méthode

Le MEF : modèle d'évaluation fonctionnelle

Une fonction support d'entreprise est un ensemble de ressources réalisant différentes prestations pour les autres services dans le but de favoriser l'activité de ces derniers. Une fonction support est constituée d'individus doués de compétences, de matériel et d'une organisation ; cet ensemble a un coût et sa performance s'analyse en rapportant ce coût à la quantité et à la qualité des prestations réalisées. Les fonctions support sont surtout présentes dans les moyennes et grandes organisations. Dans les petites entreprises, elles sont souvent intégrées à une fonction administrative générale gérée par un salarié ou par le dirigeant/fondateur. Lorsque la technicité est trop importante, les PME font généralement appel à la sous-traitance, comme c'est le cas avec l'informatique. Certaines PME, en fonction de leur activité, peuvent très bien avoir des fonctions dites « transverses » qui constituent le cœur de leur activité. Par exemple, une PME qui fait de la distribution aura une force de vente importante, qui représentera peut-être 80 % de son effectif.

Les principales fonctions support sont :

- le contrôle de gestion ;
- les ressources humaines ;
- le marketing ;
- la comptabilité ;
- le commercial ;
- la communication ;
- l'informatique ;
- les systèmes d'information ;
- la logistique ;
- le juridique ;
- les services généraux ;
- l'audit ;

Méthode

- la finance ;
- l'international ;
- les achats ;
- la qualité.

Le nombre, les intitulés et les effectifs des fonctions transverses varient selon les entreprises. Ces fonctions support peuvent s'accompagner de missions transverses sans structure propre mais qui ont la même problématique de pilotage. Parmi ces missions, on peut trouver la conduite du changement, la formation, la communication interne, la gestion de la connaissance, la responsabilité sociale des entreprises, etc.

Que faut-il mesurer pour évaluer une fonction support ?

En tant que dirigeant d'une entreprise, que suis-je en mesure d'attendre d'une fonction support ? En tant que responsable d'une fonction support, quelles sont les variables de pilotage pertinentes ? Ces questions et celles déjà énoncées précédemment traitent de quatre grands thèmes qui sont les activités, les compétences, les ressources et les clients. Ces quatre thèmes structurent l'évaluation de la performance d'une fonction support et nous invitent à trouver des mesures objectives pour chacun d'eux.

Mesurer les activités d'une fonction support

La fonction transverse réalise-t-elle tout ce qu'elle devrait faire ? Cette question concerne la formalisation de ce qui est réellement fait et de l'écart qu'il y a entre l'activité réelle et l'activité théorique. Cela oblige à formaliser les produits et prestations et à les comparer à un référentiel exhaustif pour déterminer des écarts d'activités.

Mesurer les compétences d'une fonction support

Les professionnels de la fonction support sont-ils compétents ? Cette question s'intéresse à la compétence des individus qui occupent les postes de la fonction support. Pour réaliser les

Méthode

produits et prestations, l'entreprise dispose-t-elle des compétences nécessaires ? Quel est le niveau de compétence des salariés et quelles sont les actions à mener en fonction d'un niveau d'ambition affiché ? L'évaluation des compétences existantes et souhaitées ainsi que des écarts permettra d'apporter des éléments de réponse aux questions posées.

Mesurer les ressources allouées à une fonction support

L'organisation de la fonction transverse est-elle performante ? Cette question concerne l'évaluation des ressources qui sont mobilisées pour faire fonctionner la fonction support. La notion de ressources est ici comprise comme l'ensemble des moyens mis à la disposition des acteurs pour réaliser leur activité. Cela comprend l'organisation, le style de management mais aussi les coûts engagés en dépenses d'investissement et de fonctionnement.

Mesurer la satisfaction des clients d'une fonction support

Les clients de la fonction support sont-ils satisfaits des prestations ? Cette question concerne les clients de la fonction transverse et leur niveau de satisfaction. Une fonction transverse livre ses prestations à différents types de clients, qu'ils soient internes et/ou externes à l'entreprise. Il s'agit donc d'évaluer leur satisfaction.

Ces quatre thèmes et les questions qu'ils suscitent nous permettent d'avancer un modèle d'évaluation fonctionnelle.

Un modèle d'évaluation fonctionnelle à quatre pôles

Le modèle d'évaluation fonctionnelle se décompose en quatre pôles qui définissent les composantes d'une fonction support.

Le pôle activités

Le pôle activités définit le « quoi » et ce que réalise la fonction support. Il est très difficile de s'interroger sur la performance d'une entité si l'on ne sait pas ce qu'elle est censée réaliser. Dans le domaine des fonctions support, ces référentiels d'activités ne sont pas toujours présents ou, lorsqu'ils le sont, ils ne sont pas systématiquement mis à jour.

L'objectif du pôle activités est de définir l'ensemble des prestations et produits pouvant être réalisés par la fonction. Ce pôle peut être scindé en trois parties :

» les produits et prestations récurrents ;

» les produits et prestations conjoncturels ;

» les produits et prestations innovants.

Dans le cadre de leur activité, les fonctions doivent réaliser, de manière récurrente, des prestations en opposition aux tâches dites « conjoncturelles ». Cette différence de fréquence peut s'expliquer par des phénomènes de cycle de gestion ou en fonction des besoins des clients internes. Les compétences pour les activités récurrentes sont indispensables tandis que celles mobilisées pour les activités conjoncturelles peuvent être réalisées avec des prestataires externes. Les produits et prestations innovants entraînent des expérimentations de nouvelles techniques pour faire évoluer les activités de la fonction support.

Le pôle activités liste tout ce que doit faire théoriquement la fonction afin de confronter ce référentiel aux activités réelles et de traiter les écarts d'activités.

Le pôle compétences

Le pôle compétences définit le « qui ». Il évalue qualitativement les ressources humaines à travers les compétences qui doivent être connues et maîtrisées par les personnes qui occupent les postes de la fonction. Les compétences exigées sont de différentes natures : compétences techniques, compétences comportementales et connaissance du métier de l'entreprise. Le pôle compétences liste

Méthode

l'ensemble des savoirs que les différents métiers de la fonction traitée doivent maîtriser. Nous distinguons trois types de compétences :

- les compétences métier : elles couvrent la connaissance du métier et de la stratégie de l'entreprise ;

- les compétences techniques : elles englobent tous les savoir-faire liés aux productions de la fonction support. On les appelle parfois les « compétences fonctionnelles » car elles représentent les fondements professionnels de la fonction. À ces compétences peuvent être associées des compétences prospectives permettant l'évolution et l'amélioration des pratiques ;

- les compétences comportementales : leur objectif est de tester les aptitudes relationnelles des individus et de souligner celles qui sont les plus importantes dans le cadre de leur activité.

Le pôle organisation

Le pôle organisation définit le « comment ». Il traite les moyens et les ressources mobilisés et/ou mis à disposition pour réaliser les activités. Cela comprend l'ensemble des dépenses nécessaires au fonctionnement mais également le type d'organisation et de management.

Le pôle organisation qualifie et évalue l'ensemble des moyens mis à disposition pour la réalisation de l'activité. Les moyens ont été regroupés en trois composantes :

- le positionnement de la fonction dans l'organigramme : il s'agit de s'intéresser aux conséquences que peut avoir le positionnement de la fonction support sur les productions de cette même fonction ;

- le management : il définit le style de management employé et s'assure que celui-ci est en adéquation avec les attentes des salariés de la fonction ;

- les ressources : elles décrivent les charges de fonctionnement et d'investissement liées à l'exercice de la fonction. Il est également intéressant de déterminer les principaux postes de coûts de la fonction, notamment ceux des effectifs.

Le pôle clients

Le pôle clients définit le « pour qui » et le « pourquoi ». Ce pôle représente les objectifs qui sont assignés aux prestations de la fonction support vis-à-vis de clients clairement identifiés : qui sont les clients et que faut-il leur livrer sont les deux questions quasi existentielles pour une entité transverse. Du fait de leur intégration dans l'entreprise, les fonctions support oublient parfois qu'elles doivent s'inscrire dans des relations client/fournisseur, même si les clients sont internes à l'entreprise.

Ces quatre pôles peuvent être traités de manière séparée, mais l'intérêt du modèle réside dans leur élaboration commune car les résultats de l'un peuvent être des explications aux résultats des autres.

Le pôle clients décrit le niveau de satisfaction des différents clients de la fonction. Les clients peuvent être internes et externes. En interne, on distingue généralement les directions générales des managers de terrain. Selon les fonctions analysées, la répartition entre ces trois types de clients sera très différente.

Ce modèle s'inscrit dans la lignée des modèles de pilotage tels que le tableau de bord prospectif et le navigateur Skandia. Il reprend l'idée des grandes questions de pilotage et des pôles sur lesquels s'appliquent ces questionnements. Cependant, le modèle d'évaluation fonctionnelle ne s'intéresse qu'aux fonctions et activités transverses, qui ont la particularité d'être majoritairement des centres de coûts et dont le pilotage est rendu difficile en raison de la difficulté de rapprocher des coûts et des produits. L'autre point important de ce modèle est qu'il positionne la notion de performance au cœur du pilotage, à la différence du navigateur Skandia, qui met en avant le management humain, et du tableau de bord prospectif, qui s'intéresse avant tout à la notion financière. Le MEF apparaît donc

Méthode

comme un complément aux deux autres modèles et peut servir de base méthodologique pour la définition des indicateurs des processus fonctionnels (voir figure 2 ci-contre).

Le modèle d'évaluation fonctionnelle est simultanément un modèle théorique de pilotage, avec ses quatre axes, et un outil opérationnel, avec les questionnaires, les baromètres et les indications de performance : c'est là une différence essentielle avec le *Balanced Scorecard* ou le navigateur Skandia, qui ne fournissent pas les moyens de leur élaboration.

Calcul d'un taux de performance

Pour chacun des quatre pôles, nous proposons dans les chapitres qui suivent des référentiels qui les définissent et des questionnaires permettant de calculer les taux de performance globalement et par thème. Pour chaque pôle, nous calculons un indice global de performance, et la moyenne de ces indices constitue le taux de performance entre 0 et 100, que nous positionnons sur un baromètre de performance pour avoir une indication qualitative.

Les indicateurs de performance

Taux	Pôles
Taux d'activité	activités
Taux de maîtrise	compétences
Taux de support structurel	organisation
Taux de satisfaction	clients

Le taux d'activité mesure le pourcentage d'activités réalisées par la fonction par rapport à un référentiel théorique d'activités de cette même fonction. Il s'agit de mesurer ce qui se fait par rapport à ce qui devrait se faire.

Le taux de maîtrise détermine, à partir d'un référentiel de compétences, la capacité des salariés de la fonction à disposer des savoirs pour réaliser les activités.

Méthode

Figure 2 : Le modèle d'évaluation fonctionnelle

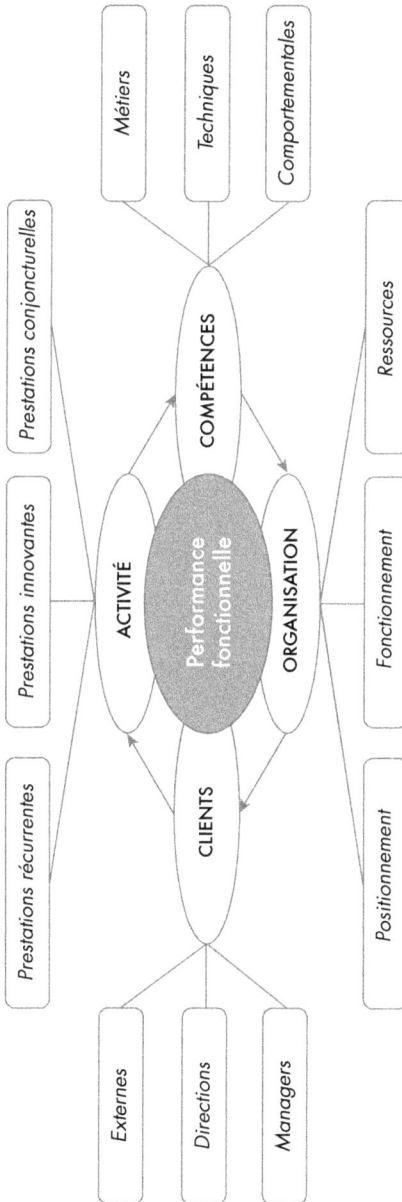

Méthode

Le taux de support structurel évalue à la fois le niveau de ressources octroyées à la fonction au regard de standards et l'appréciation de leurs conditions d'exercice.

Le taux de satisfaction est le résultat de la satisfaction des différents types de clients à propos des produits et prestations de la fonction.

On peut faire la moyenne de ces quatre taux pour avoir un taux global de performance, comme le montrent le tableau et le graphique suivants. La moyenne, pondérée ou non, de ces quatre taux constitue la valeur de performance globale.

Taux de performance global

Taux	Pourcentages
Taux d'activité	75 %
Taux de maîtrise	60 %
Taux de support structurel	35 %
Taux de satisfaction	15 %
Taux de performance global	**46 %**

Figure 3 : Superposition des différents taux

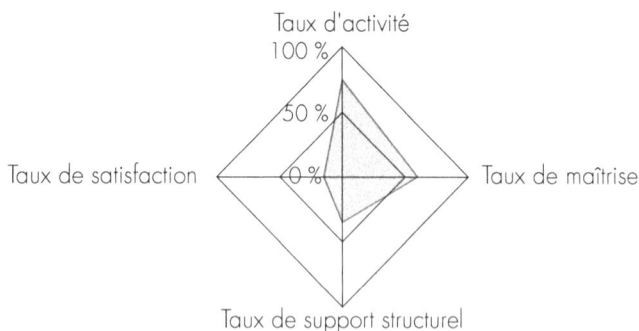

Méthode

Figure 4 : Histogramme des taux et alignement
sur le taux de performance global

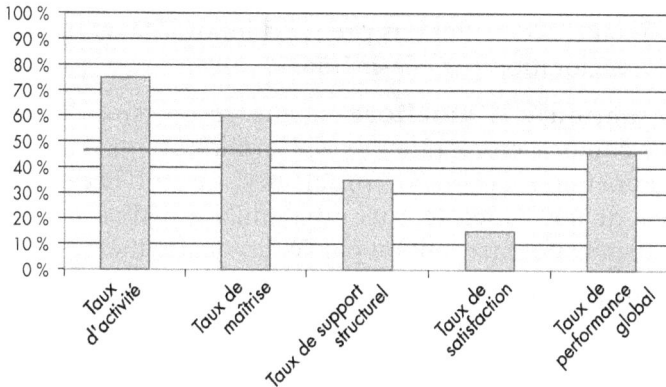

Le taux de performance global est une mesure en pourcentage qui nous permet de qualifier qualitativement la fonction analysée en distinguant quatre situations types de gestion comme le montre le baromètre suivant.

Figure 5 : Baromètre du taux de performance

Taux de performance

100
75   Excellente
50   Satisfaisante
25   À améliorer
0   À risques

La situation « Excellente » est caractérisée par un taux de performance supérieur à 75 %. Les variables sont satisfaisantes et la fonction réalise au mieux ce qui lui est demandé avec une bonne maîtrise des ressources. Le taux d'activité est généralement bon et révèle une bonne connaissance du périmètre d'intervention et des techniques du métier.

La situation « Satisfaisante » est, avec un taux de performance allant de 50 % à 75 %, la moyenne acceptable. La fonction est moyenne partout, elle fait ce qui lui est demandé. Pour autant, elle ne fait pas preuve d'innovation et de recherche d'amélioration par elle-même.

La situation « À améliorer » illustre un taux de performance compris entre 25 et 50 %. Certains points de l'analyse font apparaître de graves problèmes, ce qui nécessite des actions de correction le plus rapidement possible. Cela peut aussi bien concerner tout ou partie des quatre thèmes étudiés.

La situation « À risques » est déterminée par un taux de performance inférieur à 25 %. Cette situation est qualifiée d'« À risques » car des erreurs préjudiciables à l'entreprise peuvent être commises. C'est une situation d'urgence nécessitant au plus vite des actions de reconfiguration et de restructuration.

Le modèle d'évaluation fonctionnelle détermine un niveau de performance des fonctions support selon quatre axes d'analyse. Ces axes peuvent être traités séparément ou de manière globale pour l'obtention d'une mesure d'ensemble sous la forme d'un baromètre. À chacun d'eux correspond un indicateur, sous la forme d'un taux, qui qualifie l'axe et entre dans le calcul d'un taux de performance global. Le MEF peut être résumé tant au niveau structurel (les quatre axes) qu'opérationnel (les taux) par le schéma suivant.

Ces taux et leurs composantes sont développés dans les chapitres 3, 4, 5, 6 et 7, donnant ainsi une déclinaison opérationnelle du modèle d'évaluation fonctionnelle.

Méthode

Figure 6 : Structure et principe du modèle d'évaluation fonctionnelle

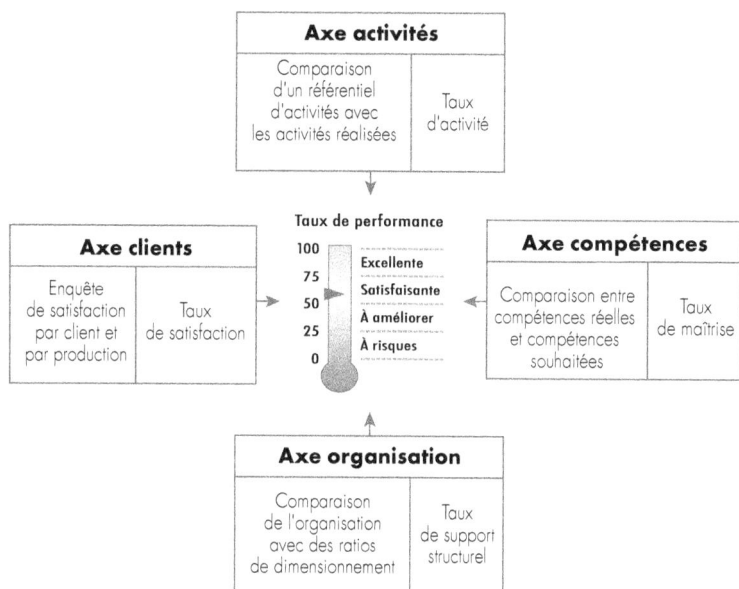

Axe activités	
Comparaison d'un référentiel d'activités avec les activités réalisées	Taux d'activité

Axe clients			Taux de performance		**Axe compétences**	
Enquête de satisfaction par client et par production	Taux de satisfaction		100 — Excellente 75 — Satisfaisante 50 — À améliorer 25 — À risques 0 —		Comparaison entre compétences réelles et compétences souhaitées	Taux de maîtrise

Axe organisation	
Comparaison de l'organisation avec des ratios de dimensionnement	Taux de support structurel

Le MEF et les tableaux de bord

Le MEF constitue un modèle de pilotage permettant de produire des tableaux de bord pour les fonctions support. Les différents taux obtenus peuvent être intégrés dans des tableaux de bord de la fonction ou bien dans les tableaux de bord de l'entreprise. Nous distinguerons les tableaux de bord par objectifs et les tableaux de bord stratégiques avec les notions de *Balanced Scorecard* et de navigateur Skandia.

La littérature managériale nous propose différentes méthodes pour construire les outils de pilotage d'une entreprise ou d'une partie de celle-ci. À la différence des techniques d'évaluation financière, les outils de pilotage sont plus ancrés dans l'opérationnel et recherchent des indicateurs pertinents pour mesurer l'efficience et l'efficacité des processus productifs. Parmi les différents outils de pilotage, nous distinguons deux approches : la première approche est dite « méthodologique » et consiste à produire des indicateurs à partir d'objectifs dans les méthodes OVAR (Objectifs, Variables d'Action, Responsables) et OFAI (Objectifs, Facteurs clés de succès, Actions, Indicateurs). Cette conception est parfois labellisée d'approche française. La seconde approche est celle des modèles de pilotage et consiste à déterminer les variables à piloter puis à trouver les indicateurs pertinents pour chacune des variables. Les variables à piloter représentent l'activité opérationnelle de l'entreprise et les leviers de réalisation de la stratégie. Les méthodes du tableau de bord prospectif (*Balanced Scorecard*) et du navigateur Skandia illustrent cette conception des outils de pilotage.

Le MEF, avec ses quatre baromètres et les composantes de ces derniers, propose une liste d'indicateurs qui constituent le contenu d'un tableau de bord spécifique d'une fonction support. Le MEF s'utilise aussi dans la logique des modèles de pilotage du type *Balanced Scorecard*.

L'approche par les objectifs

Dans une logique cybernétique de programmation, l'approche du pilotage par les objectifs consiste à déterminer des variables d'action par rapport aux ambitions affichées. Pour chaque variable d'action, il convient de déterminer les indicateurs qui permettront de s'assurer des conditions de réussite des objectifs initiaux découlant de la stratégie.

Croisement des objectifs et des variables d'action

	Objectif 1	Objectif 2	Objectif n
Variable d'action 1	Indicateur 1.1	Indicateur 2.1	Indicateur n.1
Variable d'action 2	Indicateur 1.2	Indicateur 2.2	Indicateur n.2
Variable d'action n	Indicateur 1.n	Indicateur 2.n	Indicateur n.n

Dans ce modèle, il y a un indicateur pour chaque croisement d'objectif et de variable d'action. On peut très bien avoir plusieurs indicateurs au croisement d'un objectif et d'une variable d'action, ou bien aucun indicateur, l'objectif étant couvert par les indicateurs des autres variables d'action.

Objectif

Un objectif est une orientation d'action chiffrée en relation avec la stratégie de l'entreprise. C'est l'ensemble des objectifs qui est censé mettre en œuvre la mission de la stratégie. Il est important qu'un objectif soit chiffré pour pouvoir ensuite apprécier la performance des actions entreprises pour le réaliser. Pour jouer pleinement son rôle prospectif, l'objectif doit être SMART : Spécifique (très précis en termes de périmètre), Mesurable (avoir obligatoirement une mesure quantitative), Accessible (suffisamment opérationnel pour être compris par tous), Rattaché à un projet (quelle est la finalité poursuivie par la réalisation de l'objectif ?) et défini dans le Temps (en termes d'échéance).

Variable d'action

Une variable d'action s'exprime par un verbe. Elle correspond à une action opérationnelle réalisée et/ou coordonnée par le personnel et dont le résultat contribuera à réaliser un ou plusieurs objectifs. Cela correspond souvent aux activités opérationnelles. Elles ont un coût et leur résultat doit pouvoir être mesuré.

Indicateur

Un indicateur est une valeur relative qui permet d'évaluer en quoi une activité participe à la réalisation d'un objectif. C'est un repère chiffré qui peut être rapporté à un objectif, une moyenne, un standard, et dont les valeurs dans le temps constituent une appréciation de l'évolution. Il permet de formaliser et contractualiser les engagements et de mettre en œuvre des dispositifs de contrôle. Il existe cinq grandes catégories d'indicateurs :

▷ les indicateurs de coût : ils mesurent la valeur monétaire des ressources consommées ;

Méthode

⏵ les indicateurs de résultat : ils apprécient en termes qualitatifs et/ou quantitatifs ce qui est finalisé ;

⏵ les indicateurs d'activité : ils donnent des éléments relatifs à l'action réalisée pour l'obtention des résultats ;

⏵ les indicateurs de performance : ils s'assurent de la réalisation de l'activité au moindre coût et de la réalisation de la stratégie ;

⏵ les indicateurs stratégiques : ils nous renseignent directement sur la réalisation de la stratégie et de ses objectifs.

Exemples d'indicateurs

Indicateurs	Exemples
Indicateur de coût	Coût d'un contrat signé
Indicateur de résultat	Nombre de contrats signés
Indicateur d'activité	Nombre de contrats signés/personne
Indicateur de performance	Part des ventes/contact
Indicateur stratégique	Taux de marge nette

Pour déterminer des indicateurs selon cette logique, il y a deux méthodes : OVAR et OFAI.

La méthode OVAR (Objectifs, Variables d'Action, Responsables) consiste à déterminer, pour un objectif, toutes les variables d'action et les indicateurs correspondants, comme dans le tableau suivant. La méthode stipule qu'une personne doit être responsable du pilotage de chaque variable d'action.

Exemple de déclinaison de la méthode OVAR

Objectif : augmenter les marges de 5 %	
Variables d'action	Indicateurs
Diminuer les rabais	Pourcentage des rabais dans le chiffre d'affaires
Augmenter la prospection commerciale	Nombre de nouveaux clients/nombre total de clients
Accroître les visites des commerciaux	Nombre de visites par semaine
Diminuer les coûts d'achat	Prix d'achat /prix standard

La limite de cette méthode est de considérer que l'on est toujours en mesure de déterminer les actions de manière très opérationnelle. Le concepteur de cette démarche ne peut être un expert de tous les métiers et fonctions de l'entreprise. La mise en relation d'un objectif avec des variables d'action mesurables limite les innovations qui permettent d'envisager la réalisation des objectifs selon des modes d'action que l'on ne connaît pas encore.

Pour éviter ces écueils, **la méthode OFAI** (Objectifs, Facteurs clés de succès, Actions, Indicateurs) intègre un niveau d'analyse supplémentaire avec la notion de facteur clé de succès. Les objectifs sont déclinés en facteurs clés de succès qui représentent les forces de l'entreprise au travers desquelles peuvent se réaliser les objectifs. La méthode OFAI part des objectifs mais propose les indicateurs après avoir défini des facteurs clés de succès et des actions. L'objectif est défini en termes de facteurs de succès, à savoir l'ensemble des éléments qui vont permettre de réaliser l'objectif et qui influent sur celui-ci. Ensuite, chaque facteur clé de succès est décliné en actions opérationnelles dont la réalisation est évaluée à travers les indicateurs.

Les facteurs clés de succès ont l'avantage de s'intéresser aux forces que l'entreprise possède pour mener à bien la réalisation des objectifs. C'est aussi un moyen pour décliner les indicateurs et faire leur reporting, de manière plus cohérente.

Exemple de déclinaison de la méthode OFAI

Objectifs	Facteurs clés de succès	Actions	Indicateurs
Augmenter les marges de 10 %	Les ventes	Diminuer les ristournes	Pourcentage rabais/CA
		Augmenter le montant des ventes	Pourcentage de contrats avec toutes les offres
		Augmenter le volume des ventes	Montant de la commande/client
	Les achats	Mieux acheter les matières premières	Prix d'achat/prix standard
		Mieux gérer le stock	Nombre de nouveaux produits testés
		Rechercher des gains matière	Coût complet pour une unité vendue

Méthode

Exemple de déclinaison de la méthode OFAI

Objectifs	Facteurs clés de succès	Actions	Indicateurs
Augmenter les marges de 10 %	La performance productive	Maîtriser les coûts de production	Coût du colis envoyé
		Maîtriser les coûts logistiques	Coût par commande passée
		Maîtriser les coûts commerciaux	Coût d'acquisition d'un nouveau client

L'approche par les modèles de pilotage

L'approche par les modèles de pilotage s'intéresse aux macro-objectifs d'une entreprise par lesquels la stratégie peut se décliner. Cette approche est complémentaire de l'approche par les objectifs. La stratégie se décompose en quatre ou cinq grands domaines qui peuvent ensuite être traités selon la logique développée avec les méthodes OVAR et OFAI. Les domaines correspondent aux grandes questions auxquelles l'entreprise doit répondre pour réaliser sa stratégie et s'assurer de sa performance. Les deux méthodes les plus connues sont le tableau de bord prospectif et le navigateur Skandia. Développées dans les années 1990, ces méthodes sont similaires mais ne positionnent pas la variable humaine de la même manière. Formalisées pour répondre aux enjeux de pilotage par les résultats dans un contexte stratégique d'adaptation, ces deux méthodes s'intéressent au suivi de la réalisation de la stratégie à travers les variables de gestion.

Le tableau de bord prospectif[1]

Le tableau de bord prospectif (*Balanced Scorecard*) est la méthode la plus connue et répandue. Les auteurs, Norton et Kaplan, ont posé la question du pilotage stratégique en postulant que celui-ci était plus important que la formulation de la

---

1. R. Kaplan et D. P. Norton, *Le Tableau de bord propectif*, Éditions d'Organisation, 2003.

stratégie en elle-même. Ils ont pointé du doigt les faiblesses des outils budgétaires, notamment la périodicité annuelle et la focalisation sur l'utilisation des ressources, qui ne permettaient plus la réactivité nécessaire aux évolutions du marché.

Pour trouver une solution à ces limites, ils ont proposé un modèle de pilotage des entreprises structuré autour de quatre dimensions. La stratégie générale est déclinée en objectifs financiers, commerciaux, de production et de ressources humaines. Chacun des thèmes a ses propres objectifs avec des indicateurs qui s'inscrivent dans des schémas de causalité. Un indicateur de motivation du personnel aura une incidence sur la productivité des processus productifs, ce qui induira une meilleure satisfaction du client et une rentabilité plus forte. Dans le modèle du *Balanced Scorecard*, la finalité terminale est la création de valeur monétaire dans une logique libérale et de gouvernance par les actionnaires.

C'est un ensemble de mesures de coûts, de résultats, de produits et de retour sur investissement qui permet d'évaluer la création de valeur monétaire de l'entreprise et sa capacité à optimiser cette dernière.

Figure 7 : Les quatre dimensions du tableau de bord prospectif

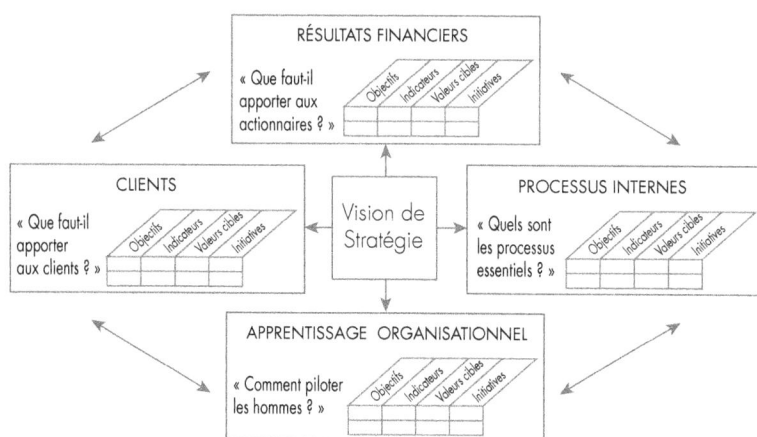

Méthode

L'axe financier définit les indicateurs de rentabilité, de marge, de chiffre d'affaires et d'utilisation des actifs en fonction des phases du cycle de vie des produits (développement, croissance, maturité, déclin).

L'axe processus internes mesure la performance de tous les processus contributifs (support, production, commercialisation, recherche et développement, etc.). Dans une logique de comptabilité par activité du type ABC (*Activity Based Costing*), des indicateurs d'efficience et d'efficacité sont calculés pour les activités, produits et structures contributives. Pour des raisons de coût et de faisabilité, les auteurs préconisent de faire porter l'effort sur les processus clés susceptibles d'améliorer l'offre et la réalisation de la stratégie.

L'axe apprentissage organisationnel traite de la dimension humaine. Il s'intéresse principalement au potentiel d'implication des salariés et des conditions de travail en traitant :

- le niveau de satisfaction des salariés ;
- le niveau de compétence des salariés ;
- la qualité du management et de l'organisation ;
- la capacité du système d'information à fournir les bonnes informations au bon moment.

L'axe clients évalue l'appréciation des prestations par le client et la capacité des processus commerciaux à satisfaire les attentes et besoins du client. Cet axe mesure également l'évolution de la demande des clients et leur comportement d'achat.

Attention ! Le tableau de bord prospectif n'est pas une collection d'indicateurs répartis selon ces quatre axes. Il existe, en fait, une interdépendance entre les quatre dimensions. Concrètement, le tableau de bord prospectif crée une hiérarchie entre ces quatre dimensions, en les subordonnant toutes à l'axe financier. Le lien avec les objectifs financiers doit toujours être recherché et établi car ils restent le but et la mesure des résultats ultimes (les trois autres dimensions n'en sont que les moyens).

Méthode

La chaîne causale du tableau de bord prospectif part des indicateurs contenus dans l'axe apprentissage organisationnel, dont l'impact se traduit dans les indicateurs de l'axe processus internes. Les mesures sur les processus contributifs ont des conséquences directes sur la satisfaction des clients, ce qui se répercute aussitôt sur les résultats financiers. Le schéma de la figure 8 illustre les liens de causalité entre les quatre niveaux et les indicateurs.

La notion de chaîne de causalité est étendue au niveau des indicateurs. Ainsi, le système combine deux types d'indicateurs qui permettent à la fois de traduire des objectifs à court et long terme.

▶ des indicateurs de résultats : ils mesurent les performances de l'entreprise ;

▶ des indicateurs de moyens : situés plus en amont dans le temps, ils jouent un rôle de signal d'alarme avant que la performance ne se dégrade. Par exemple, si l'indicateur de résultats est le degré de satisfaction des clients, le taux d'erreur ou le temps de réponse aux demandes des clients seront les indicateurs de moyens associés.

Figure 8 : Exemple de chaîne causale du tableau de bord prospectif

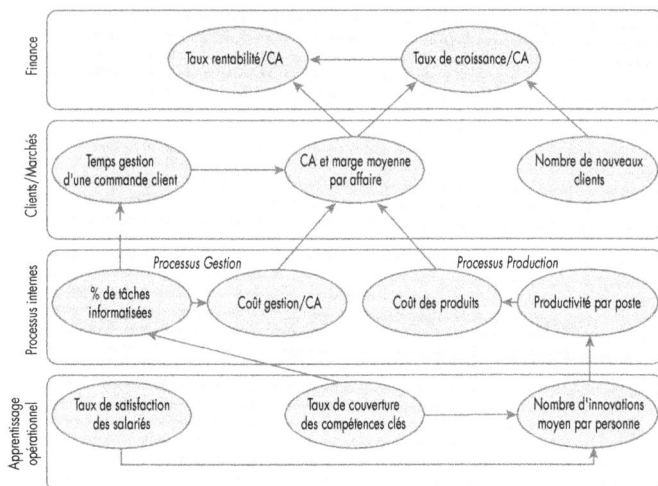

Ces deux types d'indicateurs sont utilisés au sein de chaque axe stratégique, excepté pour l'axe financier, qui joue un rôle particulier dans la mesure où il ne comporte que des indicateurs de résultats. En revanche, pour les trois autres axes, il faut impérativement construire et élaborer les deux types d'indicateurs. Ainsi, l'objectif est de former une chaîne de causalité pour trouver des explications aux écarts entre les résultats réels et les objectifs.

Utilisé dans de nombreuses entreprises, le tableau de bord prospectif ressemble plus à un outil de contrôle étendu qu'à un instrument de pilotage opérationnel d'une entité. Il sert souvent à la prise de décision. Mais il faut rester dans la logique des concepteurs : à l'origine, le tableau de bord prospectif est destiné aux directions générales ; le décliner auprès des directions opérationnelles est déjà moins simple qu'il n'y paraît. Quant à le déployer auprès du plus grand nombre, cela reste une gageure.

Au niveau pratique, la distinction entre les indicateurs de mesure du résultat et les indicateurs de moyens est souvent ambiguë. Ce tableau de bord adopte une perspective transversale qui peut entrer en contradiction avec la logique verticale de certains outils, comme ceux issus du système budgétaire. Par exemple, un dirigeant peut avoir à arbitrer entre une productivité élevée imposée par la hiérarchie et une formation de son personnel, imposée par le tableau de bord prospectif.

Cet outil permet de mieux piloter la stratégie mais ne dispense pas d'un système de veille pour la faire évoluer, les indicateurs utilisés ne renseignant pas sur les facteurs de changement de l'environnement. La structure du tableau renvoie à une logique industrielle de l'entreprise. Il ne prend pas en compte le capital humain, qui, pour les sociétés de services notamment, constitue le principal générateur de profit. C'est sur cette dimension que se focalise le navigateur Skandia.

Le navigateur Skandia[1]

À la fin des années 1980, Skandia, une société d'assurance suédoise, s'est interrogée sur la manière de mesurer et de rendre tangible son capital intellectuel. Skandia étant une société de services, ses dirigeants ont pensé que leur système de management devait reposer sur la variable humaine et l'implication de leurs salariés. En reprenant une structure similaire au tableau de bord prospectif, Leif Edvinsson, en charge du capital intellectuel de la société Skandia, a construit un nouveau modèle de pilotage d'une entreprise en privilégiant la dimension humaine. Ce modèle, le navigateur Skandia (*Skandia Navigator*), reprend les quatre dimensions du tableau de bord prospectif en y ajoutant la dimension humaine, partant de l'idée que le capital humain est le principal générateur de profit pour une entreprise. Ici, la perspective financière est un facteur de performance (un des cinq) parmi d'autres (voir figure 9).

Figure 9 : Le navigateur Skandia

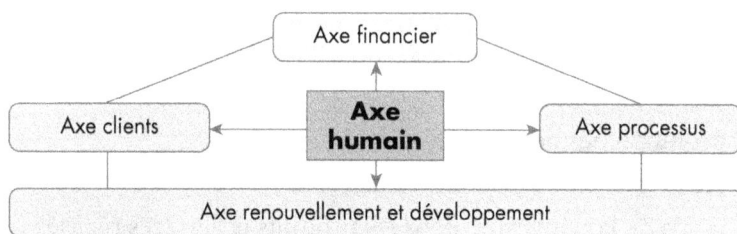

Pour présenter cette méthode, les auteurs utilisent la métaphore de la maison. L'axe financier serait le toit : il résume ce qui a été fait dans le passé. L'axe clients et l'axe processus seraient les murs : ils nous ramènent à la création de valeur que l'entreprise peut réaliser aujourd'hui. L'axe renouvellement et développement correspondrait aux fondations : il représente la façon dont l'entreprise prépare son avenir et la distance prise

---

1. L. Edvinsson, M. S. Malone, *Intellectual Capital: Realizing Your Company's True-Value by Finding its Hidden Brainpower*, HarperBusiness, 1997.

Méthode

par rapport au passé. Enfin, à ces quatre axes constituant le capital structurel de l'entreprise vient s'ajouter l'axe humain : celui-ci est au cœur de la maison et alimente tous les autres domaines.

Les indicateurs utilisés pour les quatre axes communs au navigateur et au tableau de bord prospectif sont différents, car l'optique des deux tableaux de bord n'est pas la même.

L'axe financier s'intéresse à la façon dont le capital immatériel de l'entreprise se convertit en argent, avec des indicateurs comme le chiffre d'affaires réalisé avec de nouveaux clients ou le retour sur investissement d'une innovation.

L'axe client traite du type de client, du degré de fidélité du client, de l'assistance au client et de la réussite de la relation client.

L'axe processus s'intéresse surtout à l'informatique : il tente d'évaluer l'âge des équipements, leur rendement, leur contribution à la productivité et à la valeur créée par l'entreprise.

L'axe renouvellement et équipement est une liste d'indicateurs évaluant les évolutions de l'environnement et des capacités de l'entreprise. Les indicateurs traitent généralement des six thèmes suivants :

- évolution des besoins des clients ;
- attrait de l'entreprise sur les marchés ;
- poids de la nouveauté dans les produits et services réalisés ;
- rôle du partenariat dans le développement de la firme ;
- évolution prévue des infrastructures ;
- niveau de formation et de dynamisme des collaborateurs.

L'axe humain est le cinquième axe stratégique du navigateur Skandia. Le capital humain se décompose en trois critères génériques de performance, qui se subdivisent à leur tour en indicateurs :

- la compétence des employés est mesurée par leurs connaissances et leur savoir-faire ;

» l'attitude des employés est estimée par leur motivation, leur comportement et leur conduite ;

» leur agilité intellectuelle (désir d'approfondir leurs connaissances, de chercher à en acquérir de nouvelles, et aptitude à intégrer ces nouvelles capacités dans le fonctionnement de l'entreprise) se mesure par des indicateurs comme l'innovation, l'imitation, l'adaptation.

Lorsqu'on étudie la structure du navigateur Skandia, on remarque immédiatement la place prépondérante accordée aux indicateurs du capital humain, à égalité avec les indicateurs des quatre autres axes stratégiques. L'analyse de cet outil s'appuie sur une description des ressources et des compétences internes en amont de l'étude des caractéristiques de l'environnement. Cet outil est mieux adapté aux entreprises de services qu'aux organisations industrielles, où l'activité est plus standardisée.

Le MEF et les outils d'évaluation financière

Les méthodes de l'évaluation financière

Lors de la cession d'une fonction support à un tiers dans une logique d'infogérance, le MEF est complémentaire à des évaluations financières qui s'intéressent plus à la valorisation monétaire d'une structure qu'à son niveau de performance. Le MEF constitue alors une base objective de pondération des évaluations qui peuvent être faites avec les différentes techniques d'évaluation financière présentées dans cette section. Si l'évaluation se fait à partir de la technique du PER (*Price Earning Ratio*) et que celle-ci est de 1 million d'euros, alors que le taux de performance (obtenu par le MEF) est de 80 %, la valeur de 1 million d'euros pourra être revue à la hausse en raison du fait que le taux de 80 % fait état d'un potentiel à exploiter.

L'évaluation financière et globale d'une entreprise prend tout son sens lors de la vente de celle-ci ou dans ses cotations boursières. Mais pour des évaluations de fonctions support, les approches

Méthode

financières sont limitées et nécessitent d'être complétées par le MEF. Les méthodes d'évaluation financière sont organisées en trois approches : patrimoniale, économique et boursière.

L'approche patrimoniale

L'approche patrimoniale consiste à retrancher les actifs du bilan des dettes pour obtenir l'actif net réel. Par exemple, une entreprise qui affichera 10 millions d'euros d'actifs et 2 millions d'euros de dettes aura une valeur de 8 millions d'euros. Cette approche présuppose que la valeur économique est égale à la valeur comptable, ce qui mérite débat.

L'approche économique

L'approche économique calcule, à partir de l'évolution sur plusieurs années du compte de résultats, des prévisions de bénéfices actualisés en tenant compte d'un niveau de risque. La valeur de l'entreprise est obtenue par la multiplication du résultat en années n, par un multiple d'années variables selon le secteur et le type d'entreprise. Ce multiple s'établit en général entre 3 et 7 ans. À cette valeur peut être appliqué un coefficient d'actualisation annuel de manière additive et un taux de risque dégrevant la valeur obtenue.

La méthode boursière

La méthode boursière consiste à construire des prévisions de rentabilité de dividendes. Pour cela, on sélectionne un groupe d'entreprises du même secteur ou ayant des similitudes en termes de « business modèle », puis on recherche pour chaque entreprise un indicateur que l'on appliquera à celle que l'on souhaite valoriser. Les indicateurs les plus utilisés[1] sont :

▸ **Le PER** : *Price Earning Ratio*

$$PER = \frac{\text{Capitalisation boursière}}{\text{Résultat net}}$$

---

1. Sur les techniques d'évaluation financière, nous vous invitons à vous reporter à l'ouvrage de référence dans ce domaine, *Évaluation d'entreprise*, d'A. Thauvron, Economica, 2005.

Méthode

Le PER correspond à un coefficient de capitalisation des bénéfices. C'est le rapport entre le cours de Bourse d'une entreprise et son bénéfice après impôts par action. Une société dont le capital est composé de 10 millions d'actions est cotée à 1 milliard d'euros, soit 100 euros par action. Le bénéfice net prévu est de 50 millions, soit 5 euros par action. Son PER sera donc de 20 (100/5). Les PER se situent en général entre 5 et 40, mais ces bornes moyennes peuvent être franchies. Plus le rapport est élevé et plus il traduit l'anticipation des investisseurs d'une forte progression des bénéfices, et inversement. Ces indicateurs servent de base de valorisation. Par exemple, si les entreprises du marché ont un PER de 15, la valorisation sera de 15 fois le résultat net.

» **Le PTB** : *Price to Book*

$$PTB = \frac{\text{Capitalisation boursière}}{\text{Fonds propres}}$$

» **L'EV** : *Enterprise Value*

$$EV = \frac{\text{Capitalisation boursière + Valeur dette}}{\text{Résultat net}}$$

» **L'EBITDA** : *Earning Before Interest Taxes Depreciation and Amortization*

$$EBITDA = \text{Revenu net + Taxes + Amortissement} + \text{Provisions + Intérêts financiers}$$

L'EBITDA est le revenu disponible avant les intérêts, les impôts et les dotations aux amortissements. Développé aux États-Unis, cet indicateur n'est pas normalisé. Certaines entreprises le calculent après impôts. Très utilisé lors des cessions et acquisitions, l'EBITDA a été très mobilisé dans les années 1990 pour les transactions d'entreprises de la bulle Internet. L'EBITDA correspond à l'EBE français (excédent brut d'exploitation). L'EBE = résultat net + amortissement et provisions + intérêts financiers + éléments exceptionnels d'activité. L'EBE représente le flux potentiel de trésorerie généré par l'activité principale de l'entreprise.

» **L'EVA** : *Economic Value Added* (résultat)

$$EVA = \text{Résultat d'exploitation après impôts} \\ - [\text{Coût moyen pondéré du capital} \times (\text{Actif total} - \text{Dettes circulantes})]$$

Méthode

Les limites de l'évaluation financière pour les fonctions support

Il ne s'agit pas ici de critiquer les méthodes d'évaluation financière mais de montrer leurs difficultés à appréhender la performance des fonctions support et autres entités ne bénéficiant pas de documents financiers propres. Dès que nous sommes dans un cas de figure où les données comptables et financières ne sont plus disponibles, qu'il faut analyser la performance de processus et non des produits ou des prestations, et que nous avons besoin d'indicateurs selon des périodicités différentes des cycles de production comptable, nous constatons le besoin de méthodes et d'outils.

Synthèse

La recherche de performance, qui s'est dans un premier temps matérialisée sur les processus de production (automatisation, optimisation des stocks, réduction des achats), s'oriente désormais sur les fonctions support des entreprises. La question de la performance pour ces fonctions se pose en termes financiers mais également en termes stratégiques, avec des problématiques d'externalisation. Est-il intéressant de conserver tout ou partie d'une fonction support ou bien d'externaliser ? Quelles sont les fonctions et, à l'intérieur des fonctions, les activités créatrices de valeur pour les produits de l'entreprise ? Quelles sont les fonctions support qui procurent un avantage concurrentiel ? Autant de questions auxquelles le MEF tente d'apporter des réponses.

La fonction ressources humaines

- Définition de la fonction RH
- Historique de la fonction RH
- Les pratiques de la fonction RH
- Les ressources humaines aujourd'hui

Les entreprises aujourd'hui, quel que soit leur secteur d'activité, vivent un grand nombre de mutations et de changements : mutations démographiques d'une population de salariés vieillissante ; consolidation du contexte réglementaire redéfinissant un cadre social riche et structurant avec lequel les entreprises, les salariés et leurs représentants doivent apprendre à composer ; accélération de la mondialisation ; développements technologiques importants au cœur des systèmes de communication et d'information utilisés quotidiennement dans le travail des collaborateurs.

Ces mutations affectent directement les entreprises, les outils de travail des salariés et les salariés eux-mêmes. Elles contribuent parfois à faire évoluer les structures. Elles soulèvent la question de l'employabilité des salariés et de la nécessaire évolution des compétences. Elles replacent la variable humaine au cœur des préoccupations des entreprises et mettent ainsi en lumière le capital humain et intellectuel, c'est-à-dire les ressources humaines d'une entreprise et la façon dont elles sont gérées, comme l'un des éléments stratégiques clés pour la compétitivité.

Afin de pouvoir mieux comprendre et évaluer cette fonction nous vous proposons dans ce chapitre une définition de la fonction ressources humaines.

Définition de la fonction RH

La fonction gestion des ressources humaines est un des acteurs de la mise en œuvre de la stratégie d'entreprise. Elle est partie prenante de la vie d'une organisation et de la déclinaison opérationnelle des ambitions de l'organisation à laquelle elle appartient. La fonction ressources humaines est une fonction présente sur la majorité des organigrammes des entreprises. Cependant, même si, comme toute fonction au sein d'une entreprise, les fonctions ressources humaines ont leur propre budget, il est difficile de considérer et de matérialiser systématiquement leur production directe au sein de l'organisation, de la mesurer et d'en évaluer le retour sur investissement. L'objectif de la gestion des ressources humaines s'inscrit dans une logique de gestion, ce qui induit les notions d'analyse, de prise de décision, de mise en œuvre et de contrôle.

La gestion des ressources humaines est constituée d'un ensemble de savoir-faire qui contribuent à relier et à accorder les hommes, les organisations, l'environnement de travail et le cadre de travail avec les ambitions de performance et de développement d'une entreprise et de ses salariés. C'est dans cette perspective que la gestion des ressources humaines doit être appréhendée pour pouvoir être partie prenante de la création de valeur d'une entreprise. Aujourd'hui, les attentes en termes de performance et de contribution d'une fonction ressources humaines vont au-delà de la simple application et du respect du droit social et de la bonne gestion administrative.

Gérer les ressources humaines, c'est permettre à l'entreprise de disposer des meilleurs profils, au meilleur moment, dans la meilleure organisation, avec les meilleurs processus et dans la durée pour contribuer à créer de la valeur, pour s'appuyer sur les bons relais, pour mobiliser et faire adhérer l'ensemble des acteurs d'une organisation vers un objectif commun.

La fonction gestion des ressources humaines peut également se définir par la « matière » sur laquelle elle s'appuie, à savoir sur l'ensemble des hommes et des femmes, jeunes et seniors, débutants et expérimentés, techniciens et cadres, managers et exécutants, qui composent et participent à la vie d'une entreprise. La fonction ressources humaines travaille sur, pour et avec une matière complexe puisque basée sur la nature humaine et ses caractéristiques intrinsèques.

Historique de la fonction RH

« De l'application de la discipline à la gestion des compétences » pourrait être le titre d'un ouvrage visant à retracer l'histoire de la fonction des hommes et des femmes ayant travaillé depuis le XIXe siècle à l'administration du travail et à l'optimisation des organisations.

La dénomination et le rôle de la fonction ressources humaines sont intimement liés au contexte économique dans lequel cette fonction s'exerce. Sans l'éclairage économique de l'époque dans laquelle la fonction ressources humaines est analysée, il est difficile de comprendre la raison des missions qui lui sont confiées. Dans une période de forte industrialisation de l'économie, l'administration du personnel avait pour rôle essentiel de s'assurer de la présence des ouvriers et des salariés à leur poste de travail, et de vérifier que les outils de travail étaient respectés en s'efforçant, par exemple, de réduire le nombre de vols des outils de production et/ou des stocks.

Avec les Trente Glorieuses et la tertiarisation progressive de l'économie que cette période a insufflée, les problématiques posées aux entreprises se sont complexifiées. L'administration du personnel a entamé sa mue pour devenir progressivement une fonction de gestion des ressources humaines.

Le titre de l'entité en charge des problématiques de ressources humaines est également révélateur du rôle prépondérant ou non qu'a occupé la gestion des ressources humaines au sein des entreprises : la « division » a cédé la place au « département » pour devenir parfois une « direction » à part entière.

Figure 10 : Évolution de la dénomination de la fonction RH

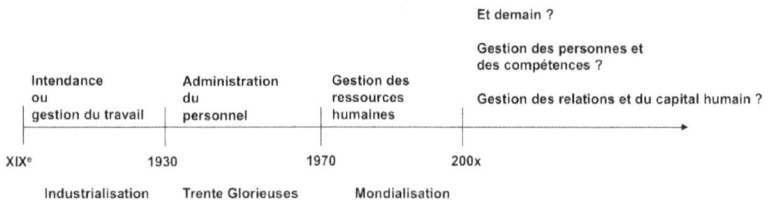

Les missions attribuées aux personnes en charge des ressources humaines et les profils des collaborateurs responsables qui y travaillent sont profondément corrélés avec les différentes phases du développement industriel et économique. C'est ainsi que la fonction de responsable du personnel a fréquemment été attribuée à des collaborateurs démontrant des compétences de rigueur, d'autorité naturelle et de discipline marquée. Des personnes ayant exercé des fonctions militaires ont souvent rempli ces missions. Puis, la fonction a dû s'enrichir de connaissances et de savoir-faire divers : connaissances juridiques pour pouvoir répondre et travailler avec un cadre légal structurant, connaissances psychologiques, savoir-faire et expérience en gestion de projet pour mener et accompagner les changements de l'entreprise.

Les missions qui ont été confiées aux responsables des ressources humaines sont également le reflet des évolutions sociétales qu'ont connues les entreprises au fil des années. Aux enjeux de production et de rentabilité sont venues se greffer des réflexions sur les conditions de travail et la santé des salariés ; la nécessité de développer un dialogue social de qualité s'est accrue. Enfin, le rôle de chaque entreprise face aux enjeux de demain est désormais posé : « Quelle place mon entreprise tient-elle face aux problématiques de diversité sociale et de non-discrimination ? »,

« Comment mon entreprise peut-elle s'inscrire dans le développement durable ? », etc. Les salariés posent ces interrogations à leur entreprise et celle-ci se doit désormais d'apporter des éléments de réponse.

Donner l'image d'une entreprise en phase avec les préoccupations de ses salariés et de ses candidats

La récente communication d'une grande enseigne de fast-food est révélatrice des préoccupations des entreprises à l'heure actuelle, de leur recherche d'adéquation permanente de leur image par rapport aux problématiques actuelles de la société et de la diversité, de la mixité sociale. La publicité ne vante pas les qualités gourmandes du dernier hamburger, mais annonce que tout collaborateur a sa place au sein de son organisation et que tout le monde peut saisir sa chance. Une jeune femme d'origine maghrébine apparaît en photo sur l'annonce. Il ne s'agit pas d'une campagne de recrutement, mais bien du positionnement affiché du rôle joué par cette enseigne dans la réussite sociale de tous, quelle que soit leur origine ou leur couleur de peau. Ce type de communication novateur est révélateur des ambitions et réflexions en cours au sein des fonctions ressources humaines aujourd'hui.

Au fil de l'histoire économique, les missions des ressources humaines se sont adaptées aux attentes des salariés, aux stratégies et aux attentes sociales et sociétales.

Les pratiques de la fonction RH

Quel est le cœur de métier des ressources humaines ? Quelles sont les missions qui incombent à tout collaborateur intervenant au cœur de la fonction ?

Recruter, former, rémunérer et administrer sont des pratiques qui peuvent être définies comme des pratiques de base de la fonction ressources humaines et qui sont le reflet historique de celle-ci. Les évolutions économiques et juridiques, mais aussi le rôle joué par l'entreprise en tant qu'acteur de la société, ont amené la fonction ressources humaines à élargir le périmètre de ses activités. Des pratiques qui peuvent être qualifiées d'évoluées dans notre modèle reflètent les nouvelles interrogations et la complexité des problématiques à relever par la fonction ressources humaines aujourd'hui.

Dans cet ouvrage, nous ne détaillons pas les techniques liées aux différentes fonctions des ressources humaines, nous ne formulerons pas non plus de préconisations sur les méthodes de recrutement, par exemple. Nous vous proposons, en revanche, pour toute question méthodologique liée à la mise en œuvre d'une pratique, de vous reporter à l'un des ouvrages ou sites référencés dans les annexes de l'ouvrage.

La fonction ressources humaines recouvre les cinq pratiques suivantes :

- le pilotage RH ;
- la gestion des carrières ;
- la gestion administrative ;
- la gestion des relations sociales ;
- le développement RH.

Le pilotage RH

Piloter, c'est disposer d'indicateurs structurants pour faire avancer, en cohérence avec la stratégie de l'entreprise, l'ensemble des valeurs et des hommes qui la composent. C'est comprendre, mesurer et maîtriser la masse salariale, la fidélité des collaborateurs, les évolutions des carrières, et les valeurs des parcours de formation notamment. Effectuer une veille permanente, à l'appui d'études internes ou commandées à des cabinets spécialisés, permet par ailleurs de prendre du recul par rapport à sa propre stratégie, de comparer sa démarche par rapport à celles de confrères et de concurrents, et d'apporter des actions correctives ou de lancer de nouveaux projets. C'est également à travers cette démarche qu'une entreprise pourra au mieux bâtir une gestion prévisionnelle des emplois et des compétences. Cette démarche permet d'assurer une meilleure gouvernance des ressources humaines et d'apporter un éclairage qualitatif et quantitatif sur le rôle de cette fonction. Enfin, les outils et le système d'information doivent être mis au service des ressources humaines et de leurs clients pour répondre aux derniers standards du marché, et délivrer les éléments d'analyse attendus.

Exemple de tableau de bord RH

Masse salariale			
	Valeur n	Objectif	Écart
Nombre ETP (équivalent temps plein)			
Ancienneté moyenne			
Coût masse salariale			
Climat social			
	Valeur n	Objectif	Écart
Nombre départs			
Nombre embauches			
Taux de satisfaction			
Performance RH			
	Valeur n	Objectif	Écart
Coût d'une embauche			
Coût de la fonction RH/CA			
Nombre de salariés RH/Nombre total de salariés			
Budget RH			
	Valeur n	Objectif	Écart
Budget global			
Budget formation			
Budget sous-traitance			

La gestion des carrières

C'est une des missions clés de la fonction ressources humaines. Aujourd'hui, le renouvellement des classes d'âge au sein des entreprises de type industriel devient la problématique principale ; pour d'autres, il s'agit d'accompagner la croissance par l'intégration et la fidélisation d'un nombre significatif de nouveaux collaborateurs. Quels que soient les enjeux spécifiques à chaque entreprise, quel que soit son secteur d'activité, le recrutement et l'accompagnement des collaborateurs tout au long de leur vie au sein de l'entreprise constituent une étape majeure de la vie d'une organisation, de sa cohérence et de sa pérennité.

Cette activité reste sensible dans la mesure où elle est principalement basée sur les relations entre individus. Elle est très encadrée par les textes législatifs, les conventions collectives et les caractéristiques définies dans le contrat qui lie les deux parties.

La Halde et PSA

La Halde[1] promeut les bonnes pratiques et les initiatives, prises en termes de recrutement et d'équité au sein des entreprises, comme Peugeot. PSA a signé, en 2004, un accord sur la diversité. Afin d'évaluer et de valider la bonne application de cet accord dans sa procédure de recrutement, Peugeot a accepté de procéder à un test de discrimination au recrutement mené par un observatoire indépendant. Ce test a permis de valider et d'ancrer la diversité dans les démarches RH.
http://www.halde.fr
1. Haute Autorité de lutte contre la discrimination et pour l'égalité.

Intégrer et former sont des activités en lien étroit avec le cœur de métier des entreprises et la gestion des carrières des individus.

La formation répond à trois attentes fortes de la part des collaborateurs et de l'entreprise pour la pérennité de son activité, de son savoir-faire et de sa différenciation concurrentielle, le cas échéant :

-   la bonne adéquation du savoir-faire avec la tenue d'un poste ou d'une fonction (essentiellement en phase d'apprentissage) ;

▶ le développement des compétences (après une période de maturité dans un poste/une fonction) ;

▶ des évolutions de carrières, horizontales ou verticales.

En réponse aux évolutions technologiques, organisationnelles et réglementaires de chaque organisation, la formation contribue à l'intégration des nouveaux salariés et prépare les nouveaux collaborateurs sans expérience professionnelle ou peu aguerris aux codes et modalités de fonctionnement d'une entité telle qu'une entreprise, et ce, quels que soient sa taille, sa structure et son mode de fonctionnement.

Mais la gestion d'une carrière s'appuie aussi et surtout sur l'évaluation des individus, pratique critique aujourd'hui pour connaître la valeur des individus qui composent une entreprise. Évaluer est un acte fort de management et d'accompagnement des collaborateurs tout au long de leur carrière.

Deux éléments structurants peuvent faire l'objet d'une évaluation :

▶ les performances, pour comprendre comment le travail d'un individu ou d'un groupe contribue à la création de valeur de l'entreprise ;

▶ les compétences, pour savoir quels sont les savoirs, savoir-faire et savoir-être des collaborateurs présents pour mieux anticiper et projeter une organisation d'entreprise à moyen terme.

Figure 11 : Les évaluations d'un collaborateur tout au long de sa carrière

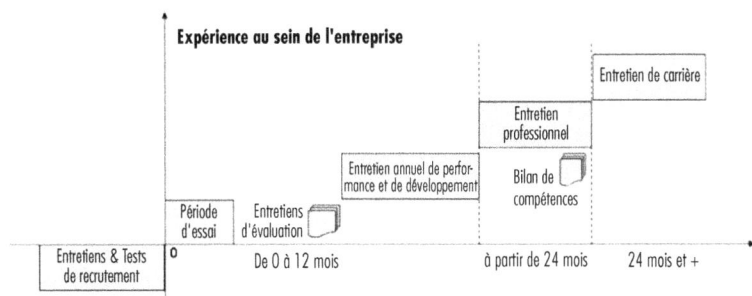

La gestion administrative

Gérer les ressources humaines, c'est s'assurer de détenir les bonnes informations sur les collaborateurs et la bonne livraison opérationnelle des décisions stratégiques prises.

Administrer, c'est disposer d'une base de références et de connaissances, la plus complète possible, sur la relation contractuelle et les éléments signalétiques des salariés. Bien souvent, l'ensemble de ces données est conservé dans un système d'informations *ad hoc*.

Administrer, c'est aussi produire les documents obligatoires à communiquer aux salariés et reporter aux autorités compétentes dans l'application des textes réglementaires, conventionnels et légaux, et du calendrier qui rythme chacune de ces activités.

Une part significative de la gestion administrative des ressources humaines consiste à assurer le suivi du contrat de travail, de sa création à la rémunération des individus. Rémunérer les collaborateurs est un acte essentiel de la fonction ressources humaines. La masse salariale représente une part significative du budget des ressources humaines, entre 30 et 90 % du budget selon les entreprises. La maîtrise de la masse salariale dans un contexte démographique et économique en plein bouleversement est devenue un des enjeux majeurs de la fonction.

La gestion des relations sociales

Le climat social qui prévaut au sein d'une entreprise est un facteur de contribution à la qualité de la production. Lorsqu'un ou plusieurs syndicats sont représentés, la conduite des relations sociales au quotidien, en proposant des solutions adaptées à la prévention et à la résolution des conflits, devient une pratique permanente. La préparation et l'animation de rencontres avec les représentants du personnel sont devenues, au-delà des étapes réglementaires, des moments d'échanges forts qui permettent d'analyser le climat social. Des outils dédiés peuvent, par ailleurs, être mis en œuvre pour mieux observer le corps social, recueillir des éléments factuels sur les pistes d'amélioration des conditions de vie professionnelle, mais aussi sanitaire et sociale, à mettre en place.

Exemple d'enquête sociale

Voici des questions représentatives de six thèmes qui structurent les enquêtes sociales. Les réponses proposées sont toujours identiques, soit « oui, toujours », « oui, parfois », « non, rarement » et « non, pas du tout ».

Management : la qualité du management mesure la satisfaction que les salariés ont de leur supérieur hiérarchique direct et de l'ensemble de la ligne hiérarchique.
Questions : Votre supérieur hiérarchique vous donne-t-il les moyens de progresser ? Votre mission et votre activité sont-elles clairement explicitées ?

Motivation : expression de l'engagement des salariés lorsqu'ils sont satisfaits de leur travail, des conditions de leur activité et des différentes rétributions qu'ils perçoivent en échange de leur travail. Cela permet de mesurer l'attraction de l'entreprise et de la représentation qu'ont les salariés de son projet.
Questions : Avez-vous le sentiment d'être reconnu(e) par rapport au travail que vous réalisez ? Connaissez-vous les valeurs de l'entreprise ?

Communication : les questions de ce thème ont pour objectif d'évaluer la performance des dispositifs de communication et de voir si ces derniers jouent pleinement leur rôle de coordination.
Questions : Êtes-vous informé(e) sur le présent et le futur de l'entreprise ? La communication entre services est-elle bonne ?

Les changements : il s'agit de mesurer la connaissance et l'adhésion des salariés aux grands projets de changement que l'entreprise vit ou a vécu.
Questions : Selon vous, les grands projets de l'entreprise sont-ils pertinents ? Les projets de changements créent-ils des problèmes néfastes au fonctionnement de l'entreprise ?

La stratégie : pour évaluer l'état de connaissance, de compréhension et de mise en œuvre de la stratégie de l'entreprise auprès des salariés.
Questions : Selon vous, l'entreprise a-t-elle une stratégie claire pour l'avenir ? Parlez-vous de la stratégie de l'entreprise avec vos collègues ?

L'environnement de travail : ce thème vise à interroger les salariés sur leurs conditions de travail tant matérielles qu'en termes de rémunérations.
Questions : Pensez-vous travailler dans de bonnes conditions matérielles ? Votre rémunération vous semble-t-elle juste ?
Source : D. Autissier, F. Bensebaa, F. Boudier, *L'Atlas du management*, Eyrolles, 2008.

Le développement des ressources humaines

Chaque individu avisé peut disposer désormais d'informations suffisantes pour pouvoir mener une comparaison assez fine des opportunités d'évolutions possibles au sein d'entreprises concurrentes ou comparables à la sienne.

En fonction des secteurs d'activité, la « chasse au recrutement » est ouverte et permet à chaque candidat d'évaluer aisément les avantages d'une entité par rapport à une autre et les valeurs et opportunités de carrière qui y sont proposées. Les sources de recrutement, la communication utilisée pour les supports de recrutement, tout comme le processus de recrutement, sont le reflet de l'entreprise, de ses valeurs et de l'esprit qui anime ses salariés. Certaines entreprises bâtissent de véritables plans marketing pour mettre en œuvre leur stratégie de recrutement et développer une image d'employeur forte, reconnaissable et reconnue sur le marché. Les activités de marketing RH sont une nouvelle tendance de la fonction ressources humaines.

Le marketing RH

Avec l'objectif d'attirer les talents et de les conserver, le marketing RH donne un nouveau rôle au salarié, celui de client. Cette approche amène les entreprises à déployer des actions de séduction organisées comme un plan de marketing.

Le principe du marketing RH consiste à positionner le salarié comme un client. Il faut alors construire des typologies de salariés, en fonction de leurs attentes, dans le processus d'appartenance qu'ils ont avec leur entreprise. Ce processus peut être représenté par trois phases qui matérialisent la relation contractuelle d'un salarié avec son entreprise. Selon Philippe Liger, directeur de marketing interne à la DRH du groupe Accor, le processus central des ressources humaines consiste :

- à attirer les futurs collaborateurs (attraction de l'entreprise) ;
- à intégrer le plus rapidement possible les nouvelles recrues (capacité d'intégration) ;
- à fidéliser les salariés sur le moyen et le long terme (capacité de conservation).

Liger préconise de développer une marque employeur destinée à être exploitée aussi bien en interne qu'en externe. Cela se matérialise par un plan marketing en quatre phases :

- Définition d'une stratégie employeur qui donne les besoins de l'entreprise en matière de compétences et de recrutement. La stratégie peut également donner des orientations quant à la notoriété de l'image employeur et vouloir développer celle-ci, tant pour les recrutements futurs que d'un point de vue institutionnel.
- Réalisation d'un bilan d'attractivité employeur en interviewant des personnes en interne et en externe. Il s'agit de déterminer le taux d'attractivité et les facteurs de cette attractivité, ou non-attractivité, le cas échéant.
- Mise en œuvre d'un plan d'action par cible. Chaque cible sera positionnée en termes de priorités : des actions de communication seront réalisées pour l'externe et des services seront proposés pour l'interne.
- Évaluation de l'image employeur dans le cadre d'une notation sociale effectuée par des agences spécialisées en *rating* social. Cet indicateur peut même être intégré dans les outils de pilotage de l'entreprise et les contrats de gestion des dirigeants.

Source : P. Liger, *Le Marketing des ressources humaines*, 2e éd., Dunod, 2007.

Pour pouvoir attirer et retenir les meilleurs, l'ensemble de la lignée hiérarchique doit désormais être mobilisé et impliqué. Enfin, assurer le développement des ressources humaines, c'est contribuer à la transformation de l'entreprise et mener des projets qui influent sur l'évolution de la société et ses changements.

Les modalités de rémunération doivent être revisitées pour intégrer de nouveaux produits et services disponibles. Rémunérer est aujourd'hui un acte de gestion porteur de sens majeur pour le salarié comme pour l'entreprise : la masse salariale représente un coût mais la rémunération devient un véritable outil de compétitivité et d'attraction des candidats. La diversité des composantes de la rémunération permet à la fonction ressources humaines d'offrir des réponses propices à la motivation et la fidélisation de ses collaborateurs, et à la garantie d'une équité dans le traitement de ses salariés. Les réponses en termes de salaires sont à la fois collectives (comme le salaire de base défini par la classification d'une entreprise) et de plus en plus individualisées.

Une stratégie de rémunération reflète les ambitions de l'entreprise vis-à-vis de ses salariés, de ses concurrents et du marché sur lequel elle évolue.

Les Comp&Ben

Comp&Ben signifie en langue anglaise « *Compensation and Benefits* », ce qui se traduit en français par « gestionnaire des rémunérations et avantages sociaux ». Cette fonction, apparue en France au début des années 1990, s'est développée au point d'être aujourd'hui présente dans toutes les entreprises du CAC 40. Parallèlement à la création de cette fonction en entreprise, on a vu apparaître des cabinets de conseil spécialisés en rémunération globale. Ces derniers ont pour mission de produire des audits des méthodes de rémunération et de proposer des solutions pour améliorer à la fois le coût des rémunérations pour l'entreprise et les montants perçus par les salariés, tout en proposant une individualisation des rémunérations en fonction des attentes des salariés. Par exemple, un salarié en mutation géographique sera plus attentif à une prise en charge du logement qu'à une augmentation de salaire. La fonction de gestionnaire des rémunérations et des avantages sociaux souligne l'émergence d'une demande sociale et économique d'individualisation des rémunérations.
Source : D. Autissier, F. Bensebaa, F. Boudier, *L'Atlas du management*, Eyrolles, 2008.

Enfin, dans une société en quête de sens, les candidats et collaborateurs doivent pouvoir s'identifier aux valeurs et aux positions prises par leur entreprise sur les enjeux de société et sur sa responsabilité sociale et économique.

Les activités et les compétences des acteurs de la fonction ressources humaines se déclinent autour des cinq pratiques clés que nous venons de décrire, à des degrés divers selon le positionnement de la fonction au sein de l'entreprise et de la mission qui lui est reconnue en interne.

Les ressources humaines aujourd'hui

Que signifie occuper un poste au sein des ressources humaines d'une entreprise aujourd'hui ? Les sections précédentes traitent de la définition et de l'historique des pratiques. Celle-ci montre des évolutions et des réalités très différentes.

Longtemps perçue uniquement comme une administration du personnel, la fonction ressources humaines participe aujourd'hui à la mise en œuvre de la stratégie d'une entreprise en sachant mobiliser, aligner les ressources et les organisations sur les orientations données par la direction générale. La fonction ressources humaines pilote aussi les projets à même de fidéliser, d'anticiper et de développer les ressources humaines, capital humain d'une entreprise.

Le nombre d'acteurs de la fonction ressources humaines

Nous l'avons vu, la fonction ressources humaines regroupe un grand nombre de pratiques auxquelles correspondent des métiers et des postes très variés. Combien de collaborateurs constituent la communauté ressources humaines au sein des entreprises françaises et qui sont-ils ?

Fin 2007, sur 25 000 offres d'emploi, 1 000 environ concernent la fonction ressources humaines, soit 4 % des postes environ (source : http://www.apec.fr). Parmi ces postes, 75 % ont trait à la pratique administrative de la fonction ressources humaines, 22 % à la formation continue et 3 % aux postes d'encadrement et de direction de cette fonction.

Figure 12 : Répartition des propositions de postes en ressources humaines

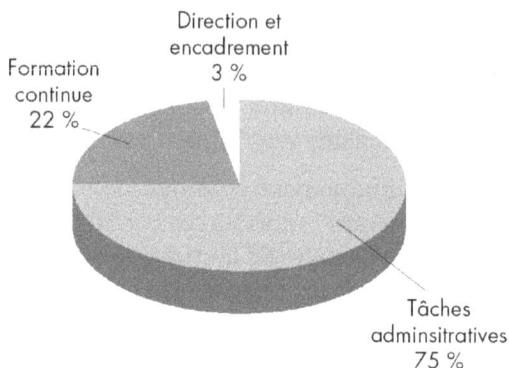

Concernant le nombre de personnes travaillant au sein de la fonction ressources humaines, l'enquête « Fonction RH 2006 » de l'observatoire Cegos (http://www.cegos.fr) montre des tendances divergentes en fonction de la typologie des entreprises. Les entreprises de plus de 2 000 salariés ont, au cours des six dernières années concernées, optimisé les effectifs et les structures essentiellement administratives de la fonction RH : les effectifs RH représentent 1,5 % des effectifs contre 2,2 % en 2000. Les entreprises de 1 000 à 2 000 salariés renforcent leurs équipes pour développer les projets RH. C'est au sein de ces entreprises que les effectifs ont le plus augmenté au cours des trois dernières années : de 1,58 % des effectifs en 2003 à 2,03 % en 2006.

Les postes de la fonction ressources humaines

Les postes offerts au sein de la fonction ressources humaines sont très divers et sont, bien entendu, fonction des missions auxquelles les futurs collaborateurs seront rattachés.

Nous distinguons trois typologies de postes auxquels les candidats peuvent postuler :

  ▶ des postes ayant trait aux pratiques liées à la gestion du personnel et des données contractuelles des collaborateurs (saisie des contrats, paie, comptabilité, etc.) ;

▶ des postes liés aux pratiques des relations sociales ;

▶ des postes centrés sur la gestion des ressources humaines et la valorisation du capital humain de l'entreprise.

Les postes de la gestion du personnel

Ces postes s'adressent plus particulièrement à des collaborateurs au profil traditionnellement administratif. Les tâches demandées à ces équipes demandent de faire preuve de rigueur et d'avoir une certaine appétence pour les chiffres. L'activité est bien souvent rythmée par les calendriers : calendrier légal de déclarations fiscales, à l'Urssaf ; calendrier de clôture de paie mensuelle ; calendrier de versement des participations et intéressement.

Les compétences et connaissances métier requises pour l'exercice de ces postes sont décrites de façon plus précise au chapitre 4 de cet ouvrage.

Salaires : le salaire potentiel pour ce type de poste oscille dans une fourchette de 25 k€ à 35 k€ pour un débutant et de 35 k€ à 60 k€ pour un collaborateur expérimenté.

Ces données s'entendent en valeur brute et ne prennent pas en compte le package global de rémunération et l'ensemble de ses composantes (plan épargne entreprise, intéressement, participation, etc.) que peuvent offrir certaines entreprises et qui leur sont propres.

Diplômes requis : les collaborateurs entrant dans ce type de poste sont issus principalement de deux filières : une filière BTS/DUT de gestion du personnel et une filière universitaire de type bac + 2 à bac + 4, avec une spécialisation dans une discipline gestion, AES, économie, droit. Des formations financières et comptables peuvent également ouvrir les portes de ces postes.

Les postes liés aux relations sociales

Les relations sociales au sein d'une entreprise sont en charge du dialogue social : elles ont notamment pour mission d'échanger avec les partenaires sociaux sur les évolutions et les choix stratégiques de l'entreprise, et de négocier annuellement sur les fondamentaux que sont les salaires. Les relations sociales obéissent, par ailleurs, aux exigences du Code du travail et du droit social. Ces fonctions sont principalement occupées par des experts, des collaborateurs ayant une formation de juristes, une formation en droit de type master 2. La conjoncture économique liée au secteur d'activité et le niveau de conflictualité historique et structurel au sein d'une entreprise influent sur le dimensionnement des effectifs et les profils des collaborateurs en charge des relations sociales au sein de l'entreprise.

Salaires : comme beaucoup de postes dont le niveau d'expertise attendu est fort, les niveaux d'embauche et les fourchettes de salaires au fil de l'expérience sont significatifs. Les salaires observés varient en fonction du périmètre du poste et des attentes au sein de l'entreprise : pour des postes de cadre junior de 30 k€ à 40 k€ et de 50 k€ à 100 k€ pour des collaborateurs expérimentés.

Diplômes : les diplômes requis sont nécessairement teintés d'une expertise juridique de type bac + 4 ou 5, avec une spécialisation en droit social, droit du travail, parfois complétée par un diplôme d'avocat ou un 3e cycle spécialisé en gestion des ressources humaines.

Les postes traitant de la gestion des ressources humaines

Ces postes regroupent une palette de responsabilités très diverses : du recrutement à l'évaluation, en passant par la gestion prévisionnelle des emplois, la formation continue et la réflexion sur la motivation et la fidélisation des salariés. Il est dès lors complexe de définir un profil unique de collaborateur pour ces postes.

Nous observons régulièrement un mix de deux types de profils pour ces postes : des professionnels de la filière RH et des collaborateurs issus des métiers de l'entreprise. C'est ce brassage entre les apports issus du terrain et les spécialistes qui permet d'apporter les réponses les plus adaptées aux problématiques liées à la gestion des ressources humaines.

Par conséquent, il convient de mieux différencier les profils en fonction du niveau d'expérience dans la filière ressources humaines. Nous pouvons ainsi distinguer deux types de profils.

Les acteurs de la filière RH issus des métiers clés de l'entreprise

Les collaborateurs travaillant sur les sujets RH sont la plupart du temps des collaborateurs ayant acquis une expérience terrain des métiers de l'entreprise. Cette expérience leur permet d'intervenir de façon plus pertinente sur leur mission. Ce sont, par exemple, d'anciens conseillers de clientèle d'un réseau bancaire qui exercent le métier de formateurs au sein de leur banque. Des profils très différents composent cette population et les salaires y afférant correspondent au parcours de chacun. Il est dès lors délicat de proposer une fourchette de salaires face à une telle diversité de profils.

Les acteurs des ressources humaines issus d'une formation RH

La dénomination la plus couramment utilisée est RRH ou responsable des ressources humaines. Leur rôle est de répondre aux demandes des opérationnels sur tous les domaines des RH en faisant appel au besoin à des expertises.

Salaires : la rémunération d'un collaborateur débutant sera de 30 k€ à 40 k€ alors qu'un collaborateur expérimenté peut prétendre à un salaire variant de 40 à 80 k€.

Diplômes : tous ont, par leur formation, reçu des notions de droit, socle de base fondamental pour l'exercice d'une profession au sein d'une filière RH. Leur formation de type bac + 4 ou bac + 5 peut être très diverse : généraliste, de type IEP (institut d'études politiques) ou école de commerce, ou spécialisée en ressources humaines, en sciences sociales ou en droit du travail.

Ces personnes entrent le plus souvent à des postes ayant trait aux pratiques de base de la fonction ressources humaines et peuvent être amenées, au fil de leur carrière, soit à prendre plus de responsabilités au sein de la filière ressources humaines, soit à se spécialiser sur un thème donné, comme les problématiques de recrutement.

Les nouveaux profils RH

Les évolutions des pratiques des ressources humaines amènent les entreprises à créer de nouveaux postes ou à rechercher à intégrer des profils de collaborateurs plus spécialisés ou avec des compétences clés nouvelles.

Ainsi, avec l'évolution des systèmes d'information dédiés aux ressources humaines, des postes de **spécialistes SIRH** voient le jour. Ils définissent avec les RH les besoins en termes de développement et de projets à mettre en œuvre sur le ou les systèmes d'information développés pour les ressources humaines. Ils assurent la mise en œuvre des projets, et leur maintenance. Les spécialistes SIRH peuvent être rattachés à la RH ou être ses interlocuteurs privilégiés au sein des équipes informatiques. Le mode d'organisation des entreprises a une influence forte sur le choix du logiciel, des modules du système d'information mis en place et des modalités de leur déploiement. Les modules RH les plus couramment proposés et adoptés par les entreprises traitent de l'administration du personnel, du développement des carrières et de la formation.

Des postes de **Compensation & Benefits manager** sont créés pour étudier la mise en œuvre de modalités de rémunération innovantes et attractives pour des collaborateurs cibles dans des conditions coûts/attractivité optimisées. Les « Comp&Ben » sont aussi en charge de réaliser et faire réaliser des études quantitatives sur les fourchettes de rémunération, de comparer le montant et les structures des rémunérations pratiquées par rapport à l'environnement concurrentiel.

Des **responsables d'universités d'entreprise** ou campus manager sont également nommés pour créer des cursus qualifiants reconnus au sein d'un groupe. Les universités d'entreprise sont un concept issu des États-Unis et du Japon, pays précurseurs sur le sujet. La réalité des universités recouvre une forte hétérogénéité : du centre de formation classique au centre de développement stratégique. Le rattachement hiérarchique (direction de la formation, direction générale, filiale) et l'autonomie (locaux, budgets, équipes) dont disposent les universités caractérisent leur positionnement et leur mission au sein de l'entreprise, et ont un impact sur le degré d'innovation des programmes qui y sont proposés.

Enfin le **marketing RH** et les réflexions sur le rôle des ressources humaines dans la politique de développement durable d'une entreprise peuvent amener à la création de postes de collaborateurs responsables de ces sujets.

Les DRH d'aujourd'hui sont à 87 % membres du comité de direction de l'entreprise. Ils sont, pour 70 % d'entre eux, des professionnels de la fonction. Aujourd'hui, dans les sociétés du CAC 40 et du SBF 120, le DRH est majoritairement un homme de 52 ans en moyenne. Plus de la moitié d'entre eux ont un parcours au sein de la filière RH[1].

Interview de la présidente de l'Association nationale des dirigeants et cadres de la fonction personnel, Charlotte Duda, pour l'APEC

Quelles sont les compétences clés d'un DRH ?
La fonction DRH est un métier d'organisation, de conseil, de négociation et d'influence. Le DRH doit en tout premier lieu comprendre le business et savoir quelles sont les sources de valeur ajoutée pour l'entreprise. Il intervient en amont pour accompagner les changements de l'entreprise. À ce titre, il doit comprendre tous les métiers. Sa première qualité est de savoir identifier les talents mais il doit aussi être un grand communicant [...].

---

1. F. Bournois, S. Point, J. Rojot, J.-L. Scaringella, *RH : Les Meilleures Pratiques du CAC 40/SBF 120*, Eyrolles, 2007.

Quelles sont les évolutions possibles de ce DRH ?
Souvent, on devient DRH après avoir occupé un poste dans une des spé-
cialités de la fonction (juridique, communication, finances/rémunéra-
tions). Plus rarement, certains deviennent directeurs de site ou d'usine
[...].
Comment voyez-vous cette fonction dans cinq ans ?
La fonction DRH restera une fonction de leadership. Mais la direction
des RH va s'organiser autour de deux dimensions : la première concerne la productivité et la rentabilité de l'entreprise, sur le plan national
et de plus en plus, dans le futur, à l'international. La seconde touche à
l'éthique, qui va monter en force.
Source : http://www.apec.fr

Les RH réalisent tout ou partie des principales activités de la
fonction (pilotage RH, gestion des carrières, gestion administrative, gestion des relations sociales, développement RH).
De nouvelles pratiques, comme le marketing RH, la conduite du
changement ou encore la prévention du risque psychosocial,
peuvent faire partie de leur périmètre d'intervention.

Synthèse

Le périmètre fonctionnel de la fonction ressources
humaines évolue en fonction des besoins de l'entreprise et
des évolutions sociales et réglementaires. La technologie
informatique, les logiques de rendement et les évolutions
sociétales ont amené la fonction RH à envisager d'autres
domaines d'intervention. Aujourd'hui, la fonction se des-
sine autour de cinq domaines qui sont le pilotage RH, la
gestion des carrières, la gestion administrative, la gestion
des relations sociales et le développement RH.

Chapitre 3

L'évaluation des activités de la fonction ressources humaines

▓ Le référentiel d'activités de la fonction RH
▓ Les questionnaires d'évaluation des activités de la fonction RH
▓ Le taux de couverture des activités de la fonction RH

L'objet de ce chapitre est de décrire toutes les prestations que la fonction ressources humaines peut être amenée à réaliser pour le compte de ses différents clients internes. Pour expliciter ces prestations, nous nous appuyons sur les pratiques de la fonction que nous avons présentées dans le chapitre précédent.

Pour chacune de celles-ci, nous définissons les prestations et activités que cette fonction peut mettre en œuvre et piloter. Cette liste se veut la plus exhaustive possible, mais n'implique pas que l'ensemble des activités doit être présent au sein de chaque entreprise. Cette liste se veut avant tout un référentiel d'activités, reflet de la diversité des missions menées par les collaborateurs de la fonction ressources humaines. En fonction de la taille d'une entreprise, de sa structure et des problématiques spécifiques liées à son secteur d'activité notamment, tout ou partie des activités présentées seront pertinentes.

Avec l'objectif de représenter la fonction RH par un schéma suffisamment souple mais néanmoins complet, nous proposons la figure suivante.

Figure 13 : La fonction RH

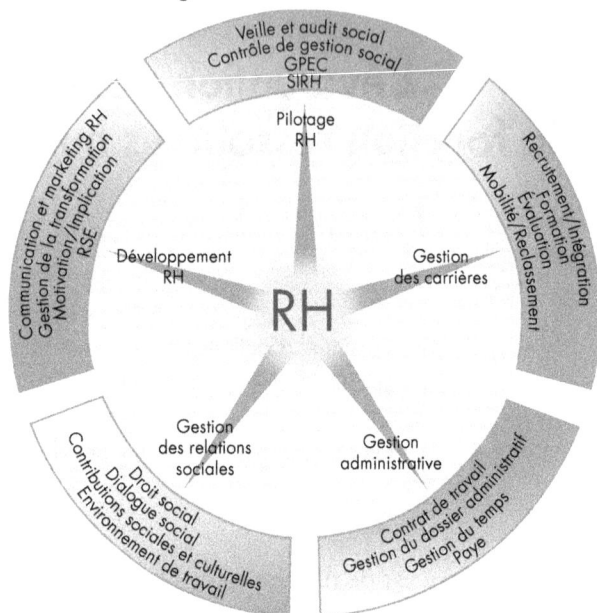

Cette figure symbolise le référentiel d'activités de la fonction RH sous la forme d'une roue à plusieurs niveaux :

- le premier niveau décrit les 5 domaines clés de la fonction ;
- le deuxième niveau explicite chacun des domaines de manière opérationnelle. Les 5 domaines peuvent être ainsi analysés au travers de 20 pratiques clés, 4 grandes pratiques par domaine ;
- le troisième niveau détaille les pratiques clés en activités opérationnelles. Ainsi, les 20 pratiques clés sont traduites en 80 activités. Ce troisième niveau sera développé dans les pages qui suivent.

Le périmètre de la fonction RH est défini au travers de 5 domaines, 20 pratiques clés et 80 activités. Cette architecture et son contenu constituent le référentiel d'activités de la fonction RH.

Le référentiel d'activités de la fonction RH

Dans cette première partie, nous formalisons le référentiel d'activités de la fonction RH. Ce référentiel est constitué d'une liste de 80 activités organisées en pratiques clés et domaines en relation avec le modèle général présenté précédemment. Toutes ces activités n'ont pas à être réalisées dans toutes les entreprises, mais ce référentiel permet de dresser un premier périmètre opérationnel de la fonction ressources humaines.

Le pilotage RH

Les ressources humaines ont progressivement été amenées à faire évoluer leur approche de la problématique RH d'une approche administrative plutôt subie à une approche proactive permettant d'analyser, de comprendre et d'anticiper les besoins et les enjeux, en termes de ressources humaines, en fonction des orientations stratégiques choisies par l'entreprise et son environnement.

Le pilotage permet de bâtir des tableaux de bord tant quantitatifs que qualitatifs sur les activités des ressources humaines et participe dans la phase d'analyse à la définition des emplois et des compétences nécessaires à la pérennité et au développement d'une entreprise. Il apporte une valeur ajoutée clé dans les prises de décisions de la direction sur les stratégies RH. D'autant plus qu'une fois la photographie des atouts et points de faiblesse connus en termes de ressources humaines, l'entreprise peut se mesurer au marché à travers des études et des analyses, et adapter son plan d'actions RH.

Cette pratique, qui s'appuie sur un système d'information fiable, intervient en amont de la stratégie RH, parce qu'elle fournit des éléments permettant de bâtir des plans d'actions et de donner des orientations, et en aval, parce qu'elle contribue à donner les résultats des actions menées.

Le pilotage RH se décompose en quatre pratiques clés qui sont :
- veille et audit social ;
- contrôle de gestion social ;
- GPEC (gestion prévisionnelle des emplois et compétences) ;
- SIRH (système d'information RH).

Veille et audit social

Activités	Descriptifs
Mettre en place un système de veille sociale interne	Réunir régulièrement des éléments en interne, permettant de définir ou réorienter la stratégie sociale de l'entreprise.
Faire du *benchmarking* social	Réunir des éléments d'information suffisants, pour pouvoir positionner la stratégie RH par rapport à des entreprises comparables d'un secteur d'activité.
Déployer un audit social sur tout ou partie de l'entreprise	Mettre en place un dispositif sur tout ou partie de l'entreprise, permettant la réalisation et l'analyse d'un audit social.
Réaliser des études de satisfaction du corps social	Mener des études de climat social auprès des collaborateurs et clients, pour qualifier la satisfaction du corps social et valider la stratégie RH.

Contrôle de gestion social

Activités	Descriptifs
Réaliser le budget de la fonction RH	Élaborer, valider et suivre les ressources budgétées pour les activités RH.
Construire le tableau de bord de la fonction RH	Définir des indicateurs de coûts, de résultats et de moyens permettant le pilotage de la fonction RH.
Réaliser des mesures et des prévisions sur les variables humaines et sociales de l'entreprise	Concevoir des outils de suivi de l'activité, supports permettant d'avoir une vision prospective et une vision de « réalisé » sur les pratiques telles que les rémunérations, les besoins en recrutement, les évolutions des personnes, etc.
Construire le bilan social	Bâtir le rapport social détaillant les résultats de la stratégie adoptée par l'entreprise en tenant compte des dispositions légales liées à cet exercice.

Gestion prévisionnelle des emplois et des compétences

Activités	Descriptifs
Établir un diagnostic des métiers et compétences	Sonder puis lister l'ensemble des métiers et compétences existants et attendus dans l'entreprise.
Mesurer et suivre la variation des effectifs	Élaborer la/les pyramides des âges et suivre les variations d'effectifs.
Identifier les profils des salariés de l'entreprise	Construire une segmentation des salariés en fonction de leurs caractéristiques signalétiques et professionnelles.
Définir des plans d'actions	Utiliser la segmentation, les variations et les évolutions organisationnelles constatées pour en décliner des plans d'actions en termes de recrutement, de formation et d'ajustement des modes de rémunération.

Systèmes d'information RH (SIRH)

Activités	Descriptifs
Définir les besoins informatiques des clients RH	Définir selon les clients RH (collaborateurs RH, salariés, managers, etc.) les outils informatiques à mettre en œuvre et les activités à informatiser.
Faire évoluer le système d'information et les outils RH	Mettre en œuvre un système d'information adapté aux évolutions réglementaires, impliquant l'ensemble des processus et acteurs de la chaîne RH (de la gestion administrative au manager de terrain).
Définir les fonctionnalités et administrer les outils informatiques RH	Définir les fonctionnalités à intégrer dans les applications informatiques, les habilitations et les modalités d'accès à ces outils.
Gérer la relation avec les prestataires informatiques	Collaborer avec les prestataires internes et externes pour coordonner l'évolution des outils informatiques.

La gestion des carrières

De qui avons-nous besoin aujourd'hui ? De qui aurons-nous besoin demain ? Quelles sont les compétences que compte et que devra compter mon entreprise à moyen terme ? Comment faire évoluer mes collaborateurs et sur quels critères ?

Avant de se lancer dans un processus de recrutement, il semble pertinent d'essayer d'apporter des réponses aux questions précédentes, pour pouvoir disposer de la meilleure vision possible des besoins immédiats (liés à une vacance ou à une création de poste) et des besoins à moyen terme. Si les activités liées au recrutement sont similaires dans les deux cas, il convient, pour définir les besoins à moyen terme, de mener une analyse préalable avec l'appui du pilotage notamment.

Cependant, une fois le besoin défini, d'autres questions doivent trouver des réponses comme : comment trouver le bon candidat ? Par quel canal le contacter ? Quelle formation dispenser pour quel collaborateur ?

Comment évaluer les collaborateurs à leur entrée au sein de l'entreprise et/ou au bout de 3-6 mois ? L'évaluation est un moment fort entre l'entreprise et le salarié. Cet acte peut être amené à se répéter à fréquence régulière, comme l'entretien annuel prévu par la loi, ou être proposé à des moments consentis en interne en cohérence avec le besoin de l'entreprise, ou à la demande d'un collaborateur.

Quelle que soit l'origine de la demande, la mise en œuvre d'une évaluation requiert de s'interroger sur le profil des collaborateurs à évaluer, sur les acteurs impliqués dans l'évaluation, sur la nature des éléments à évaluer en fonction du besoin et de la périodicité des évaluations, sur le format et les outils qui serviront de support à ces moments clés. Il faudra veiller à balancer les aspects quantitatifs et qualitatifs évalués pour que l'évaluation ne se transforme pas en exercice administratif bureaucratique. Enfin l'évaluation elle-même, si elle permet d'établir des éléments factuels sur les compétences disponibles au sein d'une entreprise à un moment donné, doit également avoir un objectif final, une conclusion, sous forme d'une prime individualisée ou de l'évolution vers un nouveau poste, par exemple. La nature des enjeux liés à chaque type d'évaluation et le *timing* dans lequel les mettre en œuvre doivent également être précisés en amont et connus de tous.

Enfin, quels parcours proposer aux collaborateurs qui souhaitent évoluer à l'étranger ?

Le domaine gestion de carrière se décompose en quatre pratiques clés dont nous détaillons les activités dans les tableaux qui suivent :
- recrutement/intégration ;
- formation ;
- évaluation ;
- mobilité, reclassement.

Recrutement/intégration

Activités	Descriptifs
Définir la stratégie de recrutement	En relation avec la stratégie et les besoins opérationnels, il s'agit de définir les volumes de recrutement et les niveaux de qualification souhaités.
Définir les sources de recrutement	En fonction des quantités et des compétences recherchées, quels seront les moyens mis en place pour capter les candidats ?
Définir les processus de recrutement	Comment se passe un recrutement ? Qui fait passer les entretiens ? Quels types d'entretiens ? L'entreprise fait-elle appel à des cabinets extérieurs ? Comment se répartissent les rôles entre les RH et les métiers demandeurs ?
Définir le processus d'intégration des salariés	Définir les étapes d'accueil et d'intégration des nouveaux collaborateurs.

Formation

Activités	Descriptifs
Définir la stratégie de formation	Définir la part réservée à la professionnalisation, au DIF, etc., ainsi que le budget.
Définir les orientations de la formation	Définir les orientations de la formation en cohérence avec les contraintes réglementaires et la stratégie de l'entreprise.
Concevoir les formations	Définir la méthode pédagogique à appliquer et penser le contenu des formations.
Organiser les formations	Définir le planning des formations et en organiser la logistique.

Évaluation

Activités	Descriptifs
Définir la stratégie d'évaluation	Quelles sont les compétences et les connaissances à évaluer ? À quelle fréquence ? À partir de quels outils ? Pour quels objectifs ?
Définir le processus et les supports d'évaluation	Rédiger les grilles d'évaluation et définir les modalités d'évaluation, notamment les éléments de l'entretien annuel d'évaluation.
Définir les évaluations	Qu'est-ce qui est jugé comme important dans la relation avec le salarié et devant faire l'objet d'une évaluation ?
Faire le suivi des évaluations	Comment se fait le suivi de l'évaluation pour le salarié dans le cadre des relations avec son manager ? Y a-t-il un entretien six mois après l'évaluation ou d'autres dispositifs ?

Mobilité/reclassement

Activités	Descriptifs
Définir la stratégie de mobilité	Quelle est la stratégie de l'entreprise en termes de mobilité ? Est-elle encouragée ? Si oui, à quels niveaux (international, interservices, entre filiales, etc.) ?
Définir les conditions d'accompagnement de la mobilité	Définir dans quelle mesure les salariés seront accompagnés et de quelle façon.
Mettre en œuvre une approche dédiée aux hauts potentiels	Comment sont gérés les hauts potentiels dans l'entreprise ? Quels sont les outils et démarches à prévoir ? Faut-il prévoir des conseillers RH spécifiques aux hauts potentiels ?
Définir les conditions et processus de reclassement	Dans une logique processuelle et probatoire, quelles sont les règles de reclassement à prévoir pour les salariés ?

La gestion administrative

La gestion administrative est une pratique dans laquelle les activités sont nombreuses et variées : de la saisie d'un contrat de travail à l'organisation des visites médicales. Les interlocuteurs et partenaires sont multiples : salariés ; Assedic ; mutuelles ; inspection du travail, etc.

Pour qu'il y ait rémunération, il faut qu'il y ait un contrat entre deux parties : l'entreprise et le salarié. Les modalités de rémunération sont explicitement décrites dans ce contrat. Le parcours universitaire du collaborateur, son ancienneté dans la société, l'expérience acquise, ses performances sont autant d'éléments individuels qui entrent en ligne de compte dans la définition de la rémunération. Combien de temps le collaborateur travaille-t-il ? A-t-il effectué des heures supplémentaires ? Comment ces facteurs influent-ils sur la structure finale du salaire global versé au collaborateur ? Quelle proportion la performance collective représente-t-elle dans le salaire final de chacun ? Ces données doivent être saisies et suivies, ce qui est du ressort de la gestion administrative.

La gestion administrative est composée de quatre pratiques clés qui sont :
- le contrat de travail ;
- la gestion du dossier administratif ;
- la gestion des temps de travail ;
- la paie.

Contrat de travail

Activités	Descriptifs
Identifier les typologies de postes	Finaliser tous les postes de l'entreprise et procéder à leur description et à leur qualification (avec la possibilité de faire appel à des méthodes de description et de cotation de postes).
Définir les types de contrats de travail s'appliquant dans l'entreprise	Identifier les types de contrats qui régissent l'entreprise (CDI, contrat de professionnalisation, alternance, etc.) et les modalités de leur utilisation.
Gérer l'inscription aux organismes affiliés	Inscrire les collaborateurs dans les organismes sociaux et publics pour leur affiliation dans les différentes administrations.
Réaliser la rupture du contrat de travail	Réaliser toutes les démarches de rupture d'un contrat de travail dans une situation à l'amiable ou avec des recours juridiques.

Gestion du dossier administratif

Activités	Descriptifs
Enregistrer et mettre à jour les données personnelles	Enregistrer les données personnelles des salariés (nom, prénom, parcours scolaire, adresse, etc.) pour disposer de toutes les informations signalétiques indispensables à la gestion de leurs dossiers.
Enregistrer et mettre à jour les données professionnelles des salariés	Enregistrer les données professionnelles des salariés (type de contrat, salaire de référence, horaires, etc.).
Définir les procédures d'intégration des évolutions professionnelles	Le salarié a-t-il un plan de carrière et des évolutions professionnelles souhaitées et/ou envisagées ? Comment ses évolutions sont-elles formalisées et gérées avec le salarié ?
Informer les clients internes et externes des changements des données des salariés	Informer les clients internes (sécurité, médecine du travail, etc.) et externes (Urssaf, mutuelle, etc.) des changements de données concernant les collaborateurs.

Gestion des temps de travail

Activités	Descriptifs
Qualifier les postes, identifier les durées de travail possibles et les modalités d'application	Définir les durées de travail possibles et applicables (travail de nuit, horaires individualisés, etc.) et définir les modalités d'application selon les postes.
Définir les procédures et outils de collecte des temps de travail effectifs	Définir la méthodologie de collecte des temps de travail (heures supplémentaires, repos compensateur, réduction du temps de travail, congés de longue durée, etc.).
Définir les procédures de suivi de temps de travail	Définir les procédures de comptabilisation et de suivi du temps de travail (méthode de calcul, compte épargne temps, etc.).
Piloter les temps de travail	Formaliser des indicateurs de suivi et de contrôle du temps de travail.

Paie

Activités	Descriptifs
Appliquer la stratégie de rémunération	Proposer à la direction de l'entreprise une politique de rémunération des salariés en fonction des contraintes et des opportunités salariales.
Définir le processus de paie	Définir les processus de saisie, contrôle, clôture, impressions et comptabilité des paies.

Paie

Activités	Descriptifs
Produire les paies	Mettre en place le dispositif et les outils de collecte des informations, de traitement des opérations, d'envoi des bulletins, de virements des paies et des interfaces comptables.
Effectuer les déclarations légales	Faire les déclarations légales et mettre en conformité en fonction des évolutions réglementaires et des négociations.

La gestion des relations sociales

La gestion des relations sociales se décompose en quatre pratiques clés qui sont :
- le droit social ;
- le dialogue social ;
- les contributions sociales et culturelles ;
- l'environnement de travail.

Les instances représentatives du personnel ont été instaurées au fil de l'évolution de l'histoire des rapports sociaux au sein des entreprises :

» la commission Formation, en 1971, pour informer les partenaires sociaux des choix et des méthodes d'accompagnement du développement des compétences des collaborateurs au sein de l'entreprise ;

» le Comité d'hygiène, de sécurité et des conditions de travail (CHSCT), en 1982, pour veiller notamment à ce que les employés exercent leur activité dans les meilleures conditions possibles.

Les moyens définis pour l'exercice de l'intervention des partenaires sociaux ont également été normés : définition des informations à fournir ; mise à disposition d'experts ; délégation d'heures pour les représentants titulaires ; définition des domaines d'intervention des partenaires sociaux (emploi, activités culturelles et sociales, logement, évolutions organisationnelles, etc.).

La qualité du dialogue social, de l'écoute par la direction et les managers des attentes exprimées par les salariés à travers les représentants du personnel joue un rôle clé dans la qualité des relations au travail. Être écouté, reconnu, pris en compte, notamment à travers l'expression syndicale, est essentiel pour les collaborateurs et fait partie des moteurs de reconnaissance attendus aujourd'hui.

Pour répondre aux questions et problèmes de médiation sociale dans l'entreprise, un nouveau métier, celui de médiateur, est apparu depuis une dizaine d'années. Plus généralement exercé en externe, ce métier peut aussi l'être en interne. La médiation est un acte conjoncturel et peu fréquent, mais les nombreuses transformations que vivent les entreprises peuvent de plus en plus donner lieu à des tensions justifiant le recours à un média-teur dans une logique d'explication et de solutions apaisantes et productives.

Droit social

Activités	Descriptifs
Gérer la judiciarisation des rapports au travail	Être à même de dialoguer avec des spécialistes du droit du travail sur des sujets particuliers.
Gérer les conflits internes	Gérer les cas de conflits internes à l'entreprise à l'amiable avec des processus de médiation sociale ou bien de manière plus conflictuelle avec des procédures judiciaires.
Gérer les questions de retraite et de prévoyance	Négocier les modalités de mise en œuvre des offres prévoyance et retraite avec les organismes retenus et les partenaires sociaux.
Effectuer une veille sur les évolu-tions du droit du travail	Effectuer une veille sur les évolutions législatives et les cas de jurisprudence en relation avec l'activité et la situation de l'entreprise.

Dialogue social

Activités	Descriptifs
Favoriser le dialogue social	Être à l'écoute des demandes des collaborateurs pour favoriser les échanges et anticiper les crises.

Activités	Descriptifs
Planifier les activités et chantiers sociaux	Planifier et organiser les chantiers sociaux, les commissions, les négociations réglementaires, etc.
Suivre le climat social	Mettre en œuvre des relais et indicateurs pour suivre quantitativement et qualitativement le climat social dans l'entreprise.
Former et informer les managers sur le rôle du dialogue social	Initier et informer les managers sur l'importance du dialogue social au quotidien dans leurs relations avec leurs collaborateurs.

Contributions sociales et culturelles

Activités	Descriptifs
Définir les événements et projets auxquels l'entreprise s'associe	Définir les événements et projets auxquels l'entreprise contribue (sportifs, humanitaires, culturels, etc.).
Définir le budget consacré à la subvention des actions sociales	Définir le budget consacré aux contributions sociales et culturelles de l'entreprise.
Définir les modalités de mise en œuvre des actions sociales	Définir les modalités de mise en œuvre et de l'attribution des avantages sociaux.
Assurer la communication des actions sociales	Assurer la bonne diffusion et la communication autour des projets auxquels contribue l'entreprise.

Environnement de travail

Activités	Descriptifs
Veiller à la qualité des conditions de travail	Dans une logique sociale, environnementale et ergonomique, les conditions de travail sont-elles réglementaires et satisfaisantes pour les salariés ?
Aménager l'organisation du travail	Aménager l'organisation du travail pour veiller à l'équilibre physique et mental des postes.
Respecter les impératifs réglementaires	Définir les procédures de sécurité et d'hygiène nécessaires à chaque poste.
Définir les plans de santé	Mettre en œuvre un plan de santé (lutte contre le tabagisme, lutte contre l'obésité, etc.).

Le développement RH

La communication par l'entreprise et sa filière ressources humaines sur les perspectives offertes en termes de carrières est un des leviers à développer pour attirer et surtout retenir les salariés. Développer les moyens (techniques et financiers) pour impliquer les salariés dans les évolutions stratégiques d'une organisation, pour les intéresser aux résultats de l'entreprise, à travers des produits d'actionnariat salariés, sont au cœur des réflexions des entreprises visant à favoriser la fidélité de leurs collaborateurs et renforcer le sentiment d'appartenance. Enfin, et surtout, marketer cette « offre » RH, faire savoir ce qui est mis en place constituent des éléments différenciants pour attirer les candidats avec la notion de marque employeur.

La marque employeur

L'entreprise se distingue et se différencie, dans une logique d'image et de notoriété, par ses produits, ses innovations, ses canaux de distribution, sa culture et plus généralement ses valeurs. Une entreprise existe en tant que producteur mais également en tant qu'employeur avec des effets de complémentarité et de renforcement entre les deux. La gestion des salariés, les perspectives qui leur sont offertes, les plans de carrière, l'ambiance et les conditions de travail sont des éléments constitutifs de la notion de marque employeur, qui crée une notoriété et une attractivité de l'entreprise auprès de ses salariés et des candidats. En tant qu'actif immatériel, la marque employeur se gère et s'utilise pour accroître l'attractivité de l'entreprise.

Les stratégies actuelles de transformation mettent les RH en position de gestionnaire du changement en partenariat avec les managers. Les RH prennent à leur compte les méthodes de conduite du changement et réalisent parfois des évaluations des transformations en cours pour le compte des métiers et de la direction générale.

D'autres éléments facteurs de succès auprès des collaborateurs et futurs collaborateurs résident dans les prises de position d'une entreprise responsable et de son implication dans les problématiques sociétales.

Du rôle clé du développement RH

Selon le baromètre annuel de la fonction RH, conçu et réalisé par Hewitt Associates, groupe mondial spécialisé dans le conseil en ressources humaines, pour le compte du Club européen des ressources humaines (ECHR), il ressort notamment que près de la moitié des personnes interrogées (46 %) en appellent à une implication plus forte et plus opportune des RH dans les décisions stratégiques de l'entreprise. Cette revendication étant affichée comme une nécessité pour que les RH puissent effectuer un meilleur travail et améliorer leur contribution aux résultats de l'entreprise.

La gestion des talents reste le domaine dans lequel les RH ont le plus d'impact. L'efficacité de l'organisation, l'évaluation des performances et le développement du leadership font également partie des activités RH ayant le plus d'impact, ce qui reflète bien l'importance croissante accordée par l'entreprise au développement et à la fidélisation des salariés.

Source : http://www.hewittassociates.com

Le développement RH se compose de quatre pratiques clés qui sont :
- la communication et le marketing RH ;
- la gestion de la transformation ;
- la motivation et l'implication ;
- les responsabilités sociales et environnementales.

Communication et marketing RH

Activités	Descriptifs
Définir la stratégie de communication RH	Quelle image et quelle marque employeur l'entreprise veut-elle avoir ? Quelles sont les valeurs qu'elle souhaite véhiculer et en direction de quelles cibles ?
Identifier les médias et sélectionner les supports	Identifier les médias et les filières de prescripteurs, ainsi que les supports pour les actions de communication.
Définir les messages	Quelles sont les cibles de marque employeur avec quels messages spécifiques à chaque cible ?
Définir l'approche marketing RH	Définir l'approche marketing à adopter pour vendre l'entreprise.

Gestion de la transformation

Activités	Descriptifs
Identifier les projets clés avec une dimension de conduite du changement structurante	Identifier les projets ayant un impact métier et/ou organisationnel et devant faire l'objet d'un accompagnement particulier en termes de conduite du changement.
Définir les modalités d'accompagnement du changement	Identifier le projet à mettre en œuvre au niveau RH pour accompagner les changements : propositions de formation, d'un référentiel de conduite du changement, etc.
Définir les actions de changement en direction des managers	Définir les compétences « conduite du changement » pour les managers. Définir également les modalités d'implication des managers (groupe de travail, ateliers participatifs, etc.).
Piloter les transformations dans l'entreprise	Construire un tableau de bord de la transformation avec des indicateurs quantitatifs et qualitatifs pour apprécier les évolutions en cours de réalisation.

Motivation/implication

Activités	Descriptifs
Définir la stratégie de rémunération	Définir la stratégie de rémunération sur la partie fixe du salaire et sur les composantes des éléments variables de la rémunération.
Définir la stratégie de fidélisation des collaborateurs	Définir des supports de fidélisation financiers, matériels et/ou événementiels (cf. la notion de Comp&Ben décrite précédemment).
Formaliser un plan d'actions de motivation et d'implication	Proposer des méthodes, actions et outils pour mesurer la motivation et proposer des actions de « remotivation » aux collaborateurs.
Favoriser les conditions de travail	Favoriser les conditions de travail en cohérence avec les aspirations des salariés (salles de sport, conciergerie, etc.).

Responsabilités sociétales et environnementales

Activités	Descriptifs
Définir et communiquer sur le positionnement et les actions de l'entreprise en termes de diversité	Définir le positionnement de l'entreprise vis-à-vis de problématiques liées à la diversité.
Définir et communiquer sur le positionnement et les valeurs de l'entreprise en termes de responsabilité sociétale	Définir le positionnement et les valeurs de l'entreprise vis-à-vis de la cité.
Définir et communiquer sur les processus cibles des actions de l'entreprise en termes de développement durable	Définir et communiquer sur les engagements de l'entreprise concernant le développement durable.
Définir les modalités de déploiement et de contrôle des actions de responsabilités sociales des entreprises (RSE)	Identifier les instruments de mesure et de contrôle des actions mises en œuvre.

Les questionnaires d'évaluation des activités de la fonction RH

Le modèle d'activités de la fonction RH décrit ci-dessus donne une définition de la fonction en 80 activités. Cette formalisation permet d'identifier de manière opérationnelle ce qu'une fonction RH est censée réaliser. Le questionnaire d'évaluation des activités constitue un outil d'appréciation de ce qui se fait par rapport aux référentiels théoriques. La grille d'évaluation du niveau de prestation de la fonction ressources humaines se rédige selon les critères suivants.

Structure de la grille d'évaluation

Activités	Réalisation de l'activité		Importance de l'activité pour l'entreprise	
	Oui	Non	Faible	Forte
Activité 1				
Activité 2				

Pour chacune des activités, nous établirons si elle est réalisée ou non et si elle est importante ou pas pour l'activité de l'entreprise. Cela permettra de faire une évaluation d'activité par un taux de couverture global et un taux de couverture tenant compte de l'importance des activités pour l'entreprise.

Pilotage RH

Veille et audit social		
Mettre en place un système de veille sociale interne	☐ Activité réalisée ☐ Activité non réalisée	☐ Activité importante ☐ Activité peu importante
Faire du *benchmarking* social	☐ Activité réalisée ☐ Activité non réalisée	☐ Activité importante ☐ Activité peu importante
Déployer un audit social sur tout ou partie de l'entreprise	☐ Activité réalisée ☐ Activité non réalisée	☐ Activité importante ☐ Activité peu importante
Réaliser des études de satisfaction du corps social	☐ Activité réalisée ☐ Activité non réalisée	☐ Activité importante ☐ Activité peu importante
Taux d'activité		

Contrôle de gestion social		
Réaliser le budget de la fonction RH	☐ Activité réalisée ☐ Activité non réalisée	☐ Activité importante ☐ Activité peu importante
Construire le tableau de bord de la fonction RH	☐ Activité réalisée ☐ Activité non réalisée	☐ Activité importante ☐ Activité peu importante
Réaliser des mesures et des prévisions sur les variables humaines et sociales de l'entreprise	☐ Activité réalisée ☐ Activité non réalisée	☐ Activité importante ☐ Activité peu importante
Construire le bilan social	☐ Activité réalisée ☐ Activité non réalisée	☐ Activité importante ☐ Activité peu importante
Taux d'activité		

Gestion prévisionnelle des emplois et compétences		
Établir un diagnostic des métiers et compétences	☐ Activité réalisée ☐ Activité non réalisée	☐ Activité importante ☐ Activité peu importante

Gestion prévisionnelle des emplois et compétences

Mesurer et suivre la variation des effectifs	☐ Activité réalisée ☐ Activité non réalisée	☐ Activité importante ☐ Activité peu importante
Identifier les profils des salariés de l'entreprise	☐ Activité réalisée ☐ Activité non réalisée	☐ Activité importante ☐ Activité peu importante
Définir des plans d'actions	☐ Activité réalisée ☐ Activité non réalisée	☐ Activité importante ☐ Activité peu importante
Taux d'activité		

Système d'information RH (SIRH)

Définir les besoins informatiques des clients RH	☐ Activité réalisée ☐ Activité non réalisée	☐ Activité importante ☐ Activité peu importante
Faire évoluer le système d'information et les outils RH	☐ Activité réalisée ☐ Activité non réalisée	☐ Activité importante ☐ Activité peu importante
Définir les fonctionnalités à intégrer et administrer les outils informatiques RH	☐ Activité réalisée ☐ Activité non réalisée	☐ Activité importante ☐ Activité peu importante
Gérer la relation avec les prestataires informatiques	☐ Activité réalisée ☐ Activité non réalisée	☐ Activité importante ☐ Activité peu importante
Taux d'activité		

La gestion des carrières

Recrutement/intégration

Définir la stratégie de recrutement	☐ Activité réalisée ☐ Activité non réalisée	☐ Activité importante ☐ Activité peu importante
Définir les sources de recrutement	☐ Activité réalisée ☐ Activité non réalisée	☐ Activité importante ☐ Activité peu importante
Définir les processus de recrutement	☐ Activité réalisée ☐ Activité non réalisée	☐ Activité importante ☐ Activité peu importante
Définir le processus d'intégration des salariés	☐ Activité réalisée ☐ Activité non réalisée	☐ Activité importante ☐ Activité peu importante
Taux d'activité		

Formation		
Définir la stratégie de formation	☐ Activité réalisée ☐ Activité non réalisée	☐ Activité importante ☐ Activité peu importante
Définir les orientations de la formation	☐ Activité réalisée ☐ Activité non réalisée	☐ Activité importante ☐ Activité peu importante
Concevoir les formations	☐ Activité réalisée ☐ Activité non réalisée	☐ Activité importante ☐ Activité peu importante
Organiser les formations	☐ Activité réalisée ☐ Activité non réalisée	☐ Activité importante ☐ Activité peu importante
Taux d'activité		

Évaluation		
Définir la stratégie d'évaluation	☐ Activité réalisée ☐ Activité non réalisée	☐ Activité importante ☐ Activité peu importante
Définir le processus et les supports d'évaluation	☐ Activité réalisée ☐ Activité non réalisée	☐ Activité importante ☐ Activité peu importante
Définir les évaluations	☐ Activité réalisée ☐ Activité non réalisée	☐ Activité importante ☐ Activité peu importante
Faire le suivi des évaluations	☐ Activité réalisée ☐ Activité non réalisée	☐ Activité importante ☐ Activité peu importante

Mobilité/reclassement		
Définir la stratégie de mobilité	☐ Activité réalisée ☐ Activité non réalisée	☐ Activité importante ☐ Activité peu importante
Définir les conditions d'accompagnement de la mobilité	☐ Activité réalisée ☐ Activité non réalisée	☐ Activité importante ☐ Activité peu importante
Mettre en œuvre une approche dédiée aux hauts potentiels	☐ Activité réalisée ☐ Activité non réalisée	☐ Activité importante ☐ Activité peu importante
Définir les conditions et processus de reclassement	☐ Activité réalisée ☐ Activité non réalisée	☐ Activité importante ☐ Activité peu importante
Taux d'activité		

La gestion administrative

Contrat de travail

Identifier les typologies de postes	☐ Activité réalisée ☐ Activité non réalisée	☐ Activité importante ☐ Activité peu importante
Définir les types de contrats de travail s'appliquant dans l'entreprise	☐ Activité réalisée ☐ Activité non réalisée	☐ Activité importante ☐ Activité peu importante
Gérer l'inscription aux organismes affiliés	☐ Activité réalisée ☐ Activité non réalisée	☐ Activité importante ☐ Activité peu importante
Réaliser la rupture d'un contrat de travail	☐ Activité réalisée ☐ Activité non réalisée	☐ Activité importante ☐ Activité peu importante
Taux d'activité		

Gestion du dossier administratif

Enregistrer et mettre à jour les données personnelles des salariés	☐ Activité réalisée ☐ Activité non réalisée	☐ Activité importante ☐ Activité peu importante
Enregistrer et mettre à jour les données professionnelles des salariés	☐ Activité réalisée ☐ Activité non réalisée	☐ Activité importante ☐ Activité peu importante
Définir les procédures d'intégration des évolutions professionnelles	☐ Activité réalisée ☐ Activité non réalisée	☐ Activité importante ☐ Activité peu importante
Informer les clients internes et externes des changements des données des salariés	☐ Activité réalisée ☐ Activité non réalisée	☐ Activité importante ☐ Activité peu importante
Taux d'activité		

Gestion des temps de travail

Qualifier les postes, identifier les durées de travail possibles et les modalités d'application	☐ Activité réalisée ☐ Activité non réalisée	☐ Activité importante ☐ Activité peu importante
Définir les procédures et outils de collecte des temps de travail effectifs	☐ Activité réalisée ☐ Activité non réalisée	☐ Activité importante ☐ Activité peu importante
Définir les procédures de suivi de temps de travail	☐ Activité réalisée ☐ Activité non réalisée	☐ Activité importante ☐ Activité peu importante
Piloter les temps de travail	☐ Activité réalisée ☐ Activité non réalisée	☐ Activité importante ☐ Activité peu importante
Taux d'activité		

Paie		
Appliquer la stratégie de rémunération	☐ Activité réalisée ☐ Activité non réalisée	☐ Activité importante ☐ Activité peu importante
Définir le processus de paie	☐ Activité réalisée ☐ Activité non réalisée	☐ Activité importante ☐ Activité peu importante
Produire les paies	☐ Activité réalisée ☐ Activité non réalisée	☐ Activité importante ☐ Activité peu importante
Effectuer les déclarations légales	☐ Activité réalisée ☐ Activité non réalisée	☐ Activité importante ☐ Activité peu importante
Taux d'activité		

La gestion des relations sociales

Droit social		
Gérer la judiciarisation des rapports au travail	☐ Activité réalisée ☐ Activité non réalisée	☐ Activité importante ☐ Activité peu importante
Gérer les conflits internes	☐ Activité réalisée ☐ Activité non réalisée	☐ Activité importante ☐ Activité peu importante
Gérer les questions de retraite et de prévoyance	☐ Activité réalisée ☐ Activité non réalisée	☐ Activité importante ☐ Activité peu importante
Effectuer une veille sur les évolutions du droit du travail	☐ Activité réalisée ☐ Activité non réalisée	☐ Activité importante ☐ Activité peu importante
Taux d'activité		

Dialogue social		
Favoriser le dialogue social	☐ Activité réalisée ☐ Activité non réalisée	☐ Activité importante ☐ Activité peu importante
Planifier les activités et chantiers sociaux	☐ Activité réalisée ☐ Activité non réalisée	☐ Activité importante ☐ Activité peu importante
Suivre le climat social	☐ Activité réalisée ☐ Activité non réalisée	☐ Activité importante ☐ Activité peu importante
Former et informer les managers sur le rôle du dialogue social	☐ Activité réalisée ☐ Activité non réalisée	☐ Activité importante ☐ Activité peu importante
Taux d'activité		

Contributions sociales et culturelles		
Définir les événements et projets auxquels l'entreprise s'associe	☐ Activité réalisée ☐ Activité non réalisée	☐ Activité importante ☐ Activité peu importante
Définir le budget consacré à la subvention des actions sociales	☐ Activité réalisée ☐ Activité non réalisée	☐ Activité importante ☐ Activité peu importante
Définir les modalités de mise en œuvre des actions sociales	☐ Activité réalisée ☐ Activité non réalisée	☐ Activité importante ☐ Activité peu importante
Assurer la communication des actions sociales	☐ Activité réalisée ☐ Activité non réalisée	☐ Activité importante ☐ Activité peu importante
Taux d'activité		

Environnement de travail		
Veiller à la qualité des conditions de travail	☐ Activité réalisée ☐ Activité non réalisée	☐ Activité importante ☐ Activité peu importante
Aménager l'organisation du travail	☐ Activité réalisée ☐ Activité non réalisée	☐ Activité importante ☐ Activité peu importante
Respecter les impératifs réglementaires	☐ Activité réalisée ☐ Activité non réalisée	☐ Activité importante ☐ Activité peu importante
Définir les plans de santé	☐ Activité réalisée ☐ Activité non réalisée	☐ Activité importante ☐ Activité peu importante
Taux d'activité		

Le développement RH

Communication et marketing RH		
Définir la stratégie de communication RH	☐ Activité réalisée ☐ Activité non réalisée	☐ Activité importante ☐ Activité peu importante
Identifier les médias et sélectionner les supports	☐ Activité réalisée ☐ Activité non réalisée	☐ Activité importante ☐ Activité peu importante
Définir les messages	☐ Activité réalisée ☐ Activité non réalisée	☐ Activité importante ☐ Activité peu importante
Définir l'approche marketing RH	☐ Activité réalisée ☐ Activité non réalisée	☐ Activité importante ☐ Activité peu importante
Taux d'activité		

Gestion de la transformation			
Identifier les projets clés avec une dimension conduite du changement structurante	☐ Activité réalisée ☐ Activité non réalisée	☐ Activité importante ☐ Activité peu importante	
Définir les modalités d'accompagnement du changement	☐ Activité réalisée ☐ Activité non réalisée	☐ Activité importante ☐ Activité peu importante	
Définir les actions de changement en direction des managers	☐ Activité réalisée ☐ Activité non réalisée	☐ Activité importante ☐ Activité peu importante	
Piloter les transformations dans l'entreprise	☐ Activité réalisée ☐ Activité non réalisée	☐ Activité importante ☐ Activité peu importante	
Taux d'activité			

Motivation/implication			
Définir la stratégie de rémunération	☐ Activité réalisée ☐ Activité non réalisée	☐ Activité importante ☐ Activité peu importante	
Définir la stratégie de fidélisation des collaborateurs	☐ Activité réalisée ☐ Activité non réalisée	☐ Activité importante ☐ Activité peu importante	
Formaliser un plan d'actions de motivation et d'implication	☐ Activité réalisée ☐ Activité non réalisée	☐ Activité importante ☐ Activité peu importante	
Favoriser les conditions de travail	☐ Activité réalisée ☐ Activité non réalisée	☐ Activité importante ☐ Activité peu importante	
Taux d'activité			

Responsabilités sociétales et environnementales			
Définir et communiquer sur le positionnement et les actions de l'entreprise en termes de diversité	☐ Activité réalisée ☐ Activité non réalisée	☐ Activité importante ☐ Activité peu importante	
Définir et communiquer sur le positionnement et les valeurs de l'entreprise en termes de responsabilité sociétale	☐ Activité réalisée ☐ Activité non réalisée	☐ Activité importante ☐ Activité peu importante	
Définir et communiquer sur les processus cibles des actions de l'entreprise en termes de développement durable	☐ Activité réalisée ☐ Activité non réalisée	☐ Activité importante ☐ Activité peu importante	

© Groupe Eyrolles

Responsabilités sociétales et environnementales		
Définir les modalités de déploiement et de contrôle des actions de responsabilités sociales des entreprises (RSE)	☐ Activité réalisée ☐ Activité non réalisée	☐ Activité importante ☐ Activité peu importante
Taux d'activité		

Le taux de couverture des activités de la fonction RH

Le questionnaire précédent permet d'évaluer l'état des pratiques RH pour une entreprise en comparant les activités réelles et les activités théoriques. Votre entreprise réalise-t-elle 100 % des 80 activités mentionnées ou bien une partie d'entre elles ?

Toutes les activités ne sont pas pertinentes pour toutes les entreprises. Aussi, il est important de renseigner si une activité est réalisée mais également si elle est importante. Une activité non réalisée mais peu importante n'aura pas le même poids qu'une activité non réalisée et importante. Pour traiter ce phénomène de contingence, nous proposons un taux d'activité pondéré selon les règles de calcul mentionnées dans le tableau ci-dessous. Un taux pouvant être calculé pour une activité, une pratique clé, un domaine ou en global.

Notation des activités en fonction de l'importance

Activité	Importance	Points
☐ Réalisée	☐ Importante	4
☐ Réalisée	☐ Pas importante	3
☐ Non réalisée	☐ Importante	2
☐ Non réalisée	☐ Importante	1

Le taux d'activité est calculé de la manière suivante : la somme des points aux différentes affirmations est divisée par le nombre d'affirmations et multipliée par 100 pour un affichage en pourcentage. Sur 80 activités, le score maximum sera de 320 points et le score minimum de 80 points.

Les taux d'activité des différentes rubriques sont ensuite synthétisés en un seul indicateur qui constitue l'évaluation métier de la fonction ressources humaines.

Activités	Taux d'activité
Pilotage RH	55 %
Gestion des carrières	55 %
Gestion administrative	80 %
Gestion des relations sociales	60 %
Développement RH	60 %
Taux d'activité global	*62 %*

Figure 14 : Le taux d'activité

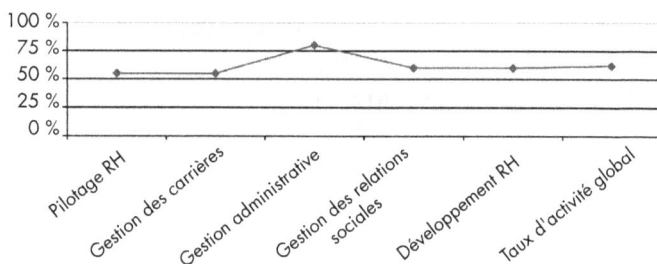

Le taux d'activité permet de positionner la fonction ressources humaines sur une échelle de 0 à 100 avec quatre configurations types, comme le montre la figure 15.

Figure 15 : Baromètre du taux d'activité

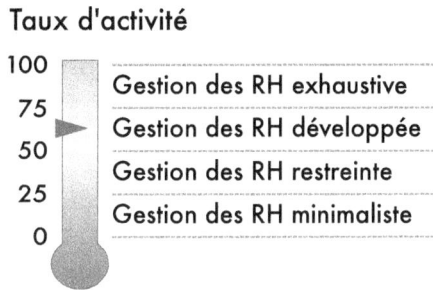

Taux d'activité

100	Gestion des RH exhaustive
75	Gestion des RH développée
50	
25	Gestion des RH restreinte
0	Gestion des RH minimaliste

La configuration minimaliste correspond à une fonction ressources humaines qui se focalise sur quelques activités sans traiter les autres. Cela peut s'expliquer par la mission de la fonction, par ses capacités quantitatives et qualitatives. Il faut néanmoins s'interroger sur les besoins en termes de structure, de dimensionnement et de compétences. Les activités gestion des carrières et pilotage RH, moins prioritaires que la gestion administrative, sont souvent non réalisées dans ce type de configuration.

La configuration restreinte illustre un fonctionnement orienté essentiellement sur quelques activités de base traitant du recrutement et de la partie administrative. Pourquoi les autres activités ne sont-elles pas développées ? L'absence d'investigation vers ces dernières conduit à penser que la fonction ressources humaines ne se remet pas en cause en termes d'évolution.

La configuration développée représente des ressources humaines qui réalisent toutes les activités et qui ont su s'adapter aux évolutions de la fonction et aux attentes des candidats et salariés. Il convient de s'interroger sur les activités non réalisées pleinement afin de savoir si elles ne sont pas utiles ou si l'entité ressources humaines ne peut y répondre en termes de ressources et/ou de compétences.

La configuration exhaustive présente une situation où la fonction ressources humaines réalise entre 80 et 100 % du référentiel d'activités. La fonction est qualifiée d'innovante et tend à diffuser une culture RH forte au sein de l'entreprise.

Synthèse

Le référentiel de la fonction ressources humaines est structuré autour de 5 domaines, qui se déclinent en 20 pratiques et 80 activités. Il constitue une définition opérationnelle de cette fonction et une base standard de ce qui peut être fait en matière de ressources humaines.

Chapitre 4

L'évaluation des compétences
de la fonction ressources humaines

- Le référentiel de compétences de la fonction RH
- Les questionnaires d'évaluation des compétences de la fonction RH
- Le taux de maîtrise comme évaluation des compétences de la fonction RH

Quelles sont les responsabilités des acteurs de la fonction ressources humaines ? La réponse à cette question tient dans le référentiel d'activités développé dans le chapitre précédent. En fonction de la mission qui lui a été confiée, un collaborateur de la fonction ressources humaines doit savoir faire tout ou partie du référentiel d'activités. Son ancienneté au sein de la fonction ainsi que sa spécialisation auront un impact sur le périmètre des activités qu'il doit être en mesure de maîtriser pour mener à bien sa mission. La notion de compétences abordée dans ce chapitre recouvre les trois notions suivantes : compétences techniques, compétences liées au métier de l'entreprise et compétences comportementales.

Les savoirs sont déclinés en compétences clés. Le niveau de maîtrise est à traiter en tenant compte du rôle du collaborateur, du nombre et du statut des collaborateurs de la fonction ressources humaines évaluée. Le référentiel ne fixe pas d'objectifs à atteindre en termes de niveau de maîtrise, mais il permet de positionner chacun des acteurs sur une même échelle de référence. En fonction du niveau d'exigence requis pour votre entité ressources humaines, vous pourrez positionner les différents acteurs et, le cas échéant, définir des actions de professionnalisation, d'accompagnement et de formation sur les compétences identifiées comme clés.

Le référentiel de compétences de la fonction RH

Le référentiel de compétences est composé de trois types de savoirs : les savoirs techniques, les savoir-faire métier et les savoir être ou compétences comportementales associées.

Figure 16 : Les trois types de savoirs fonctionnels

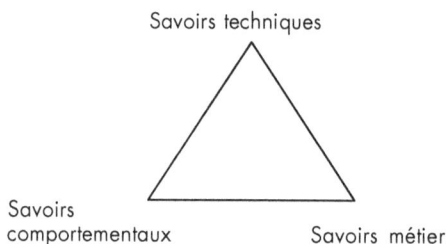

Savoirs techniques

Savoirs comportementaux

Savoirs métier

Les savoirs techniques représentent la matrice des activités de la fonction RH. Cela correspond à la capacité à réaliser les 80 activités décrites dans le référentiel d'activités.

Les savoirs métiers correspondent à la connaissance qu'ont les acteurs RH de l'environnement, du métier, des produits et de la stratégie de l'entreprise.

Les savoirs comportementaux définissent les postures et les modalités d'interaction privilégiées pour les acteurs de la fonction RH favorisant le bon déroulement de leur activité et de leur carrière.

Les compétences techniques

Les compétences techniques peuvent être définies comme la maîtrise opérationnelle de l'application des 80 activités liées à la fonction ressources humaines. Pour plus d'explications sur le contenu des 80 compétences techniques, vous pouvez vous reporter au chapitre précédent qui décrit chacune des activités.

Pilotage RH

	Liste des compétences
1.	Mettre en place un système de veille sociale interne
2.	Faire du *benchmarking* social
3.	Déployer un audit social sur tout ou partie de l'entreprise
4.	Réaliser des études de satisfaction du corps social
5.	Réaliser le budget de la fonction RH
6.	Construire le tableau de bord de la fonction RH
7.	Réaliser des mesures et des prévisions sur les variables humaines et sociales de l'entreprise
8.	Construire le bilan social
9.	Établir un diagnostic des métiers et des compétences
10.	Mesurer et suivre la variation des effectifs
11.	Identifier les profils des salariés de l'entreprise
12.	Définir des plans d'actions
13.	Définir les besoins en supports informatiques des clients RH
14.	Faire évoluer son système d'information et les outils informatiques RH
15.	Définir les fonctionnalités à intégrer et administrer les outils informatiques RH
16.	Gérer les relations avec les prestataires informatiques

Gestion des carrières

	Liste des compétences
17.	Définir la stratégie de recrutement
18.	Définir les sources de recrutement
19.	Développer les outils de recrutement
20.	Définir le processus d'intégration des salariés
21.	Définir la stratégie de formation
22.	Définir les orientations de la formation
23.	Concevoir les formations
24.	Organiser les formations
25.	Définir la stratégie d'évaluation
26.	Définir les processus et supports d'évaluation
27.	Définir les évaluations
28.	Faire le suivi des évaluations
29.	Définir la stratégie de mobilité
30.	Définir les conditions d'accompagnement de la mobilité
31.	Mettre en œuvre une approche dédiée aux clients potentiels
32.	Définir les conditions et processus de reclassement

Gestion administrative

Liste des compétences
33. Identifier les typologies de postes
34. Définir les types de contrats de travail s'appliquant dans l'entreprise
35. Gérer l'inscription aux organismes affiliés
36. Réaliser la rupture d'un contrat de travail
37. Enregistrer et mettre à jour les données personnelles des salariés
38. Enregistrer et mettre à jour les données professionnelles des salariés
39. Définir les procédures d'intégration des évolutions professionnelles
40. Informer les clients internes et externes des changements de données salariés
41. Qualifier les postes, identifier les temps de travail et les modalités d'application
42. Définir les procédures et outils de collecte des temps de travail effectifs
43. Définir les procédures de suivi des temps de travail
44. Piloter les temps de travail
45. Appliquer la stratégie de rémunération
46. Définir le processus de paie
47. Produire les paies
48. Effectuer les déclarations légales

Gestion des relations humaines

Liste des compétences
49. Gérer la judiciarisation des rapports au travail
50. Gérer les conflits internes
51. Gérer les questions de retraite et de prévoyance
52. Effectuer une veille sur l'évolution du droit du travail
53. Favoriser le dialogue social
54. Planifier les activités et chantiers sociaux
55. Suivre le climat social
56. Former et informer les managers sur le rôle du dialogue social
57. Définir les événements et projets auxquels l'entreprise s'associe
58. Définir le budget consacré à la subvention des actions sociales
59. Définir les modalités de mise en œuvre des actions sociales
60. Assurer la communication des actions sociales
61. Veiller à la qualité des conditions de travail
62. Aménager l'organisation du travail
63. Respecter les impératifs réglementaires
64. Définir les plans de santé

Développement RH

	Liste des compétences
65.	Définir la stratégie de communication RH
66.	Identifier les médias et sélectionner les supports de communication
67.	Définir les messages de communication
68.	Définir l'approche marketing RH
69.	Identifier les projets clés avec une dimension conduite du changement structurante
70.	Définir les modalités d'accompagnement du changement
71.	Définir les actions de changement en direction des managers
72.	Piloter les transformations dans l'entreprise
73.	Définir la stratégie de rémunération
74.	Définir la stratégie de fidélisation des collaborateurs
75.	Formaliser un plan de motivation et d'implication
76.	Favoriser les conditions de travail
77.	Définir et communiquer sur le positionnement et les actions de l'entreprise en termes de diversité
78.	Définir et communiquer sur le positionnement et les actions de l'entreprise en termes de responsabilité sociétale
79.	Définir et communiquer sur les processus cibles en termes de développement durable
80.	Définir les modalités de déploiement et de contrôle des actions de responsabilités sociales des entreprises (RSE)

Les compétences comportementales

Pour tous les acteurs de la fonction ressources humaines, la dimension comportementale et relationnelle est un facteur clé de succès au sein de la fonction. Si les savoirs techniques sont maîtrisés, ils ne suffisent pas seuls à répondre aux attentes des clients de la fonction ressources humaines. La façon d'appliquer ce savoir compte d'autant plus que la matière de la fonction repose sur l'humain et ses caractéristiques intrinsèques sensibles.

Les compétences comportementales à maîtriser par un acteur de la fonction ressources humaines sont le facteur de succès de la réalisation d'un individu au sein de cette fonction. Les évolutions de la fonction s'accompagnent d'évolutions des profils. Mais on constate qu'une compétence clé doit animer les acteurs de la fonction, au-delà des processus, des procédures et des systèmes d'information, une certaine appétence pour l'humain et la chose humaine.

Les compétences comportementales récurrentes au sein de la fonction sont résumées dans le tableau suivant.

Les principales compétences comportementales de la fonction RH

Compétences	Définitions
1. Écoute	La fonction ressources humaines est une fonction au service de ses clients internes et des candidats externes. Pour s'assurer d'apporter la meilleure réponse aux besoins de ses clients, les collaborateurs de la fonction doivent démontrer des capacités d'écoute (comme dans le cadre d'un recrutement, par exemple) et comprendre les attentes et les besoins des clients internes.
2. Synthèse	Pour s'assurer d'apporter la meilleure réponse aux besoins de leurs clients, les collaborateurs de la fonction doivent démontrer des compétences de synthèse pour pouvoir reformuler une demande et reporter une information au client interne.
3. Coordination	La fonction ressources humaines se trouve bien souvent à la croisée des chemins de nombreux interlocuteurs : les directions métier, les équipes informatiques, les managers, etc. Il faut savoir mobiliser, faire échanger et travailler ensemble ces différents acteurs pour mener à bien un recrutement et intégrer un nouveau collaborateur, par exemple.
4. Rigueur dans le travail	Le suivi des heures de travail, la comptabilisation des congés, le calcul des primes et intéressements, la mise à jour de données personnelles des collaborateurs, etc., sont autant d'actions qui nécessitent une exécution juste et dans les délais impartis pour assurer une gestion de la fonction ressources humaines.
5. Gestion de projet	L'application de la stratégie d'une entreprise se traduit parfois par la mise en œuvre de projets organisationnels et/ou informatiques. La fonction ressources humaines est un des acteurs clés et parfois le pilote principal de l'accompagnement du changement des entreprises à travers la mise en œuvre des projets.
6. Capacité de mesure	La contribution des ressources humaines à la réalisation des objectifs stratégiques d'une entreprise est complexe à évaluer. Néanmoins, la mise en place d'indicateurs de suivi de l'activité ou d'outils de mesure des réalisations de la fonction permet de prendre du recul et de mieux appréhender la valeur ajoutée de la fonction dans la stratégie d'une entreprise.

Les principales compétences comportementales de la fonction RH

Compétences	Définitions
7. Négociation	Un grand nombre d'étapes réglementaires jalonnent la vie sociale d'une entreprise. Définir ses objectifs, comprendre le référentiel de ses interlocuteurs, savoir quelles sont les marges de manœuvre dont on dispose pour aboutir à un accord sont des prérequis indispensables à toute négociation à mener par les collaborateurs de la fonction dans le cadre de négociation salariale ou lors de la phase de préparation budgétaire, par exemple.
8. Communication	Afin de garantir la transmission des valeurs de l'entreprise en interne, ainsi que la stratégie de l'entreprise, il est évident que le collaborateur de la fonction ressources humaines se doit de pouvoir communiquer habilement et vendre l'entreprise en interne.
9. Dialogue	Les négociations sociales, les tables rondes ou encore l'évaluation des salariés expriment un besoin de savoir dialoguer en tant que collaborateur, gérer une réunion ou tempérer les situations de conflit.
10. Intelligence de situation	Que ce soit dans le cadre d'un recrutement, d'une évaluation, lors du lancement d'un projet, etc., l'interlocuteur d'un collaborateur de la fonction ressources humaines s'attend à trouver chez cette personne une certaine sensibilité, une ouverture d'esprit et un intérêt pour l'être humain avec qui il échange.

Les compétences « métier » de l'entreprise

Les acteurs de la fonction ressources humaines travaillent au cœur de la structure de l'entreprise. Ils travaillent sur et avec la « matière première » de l'entreprise, son capital humain. Or, chaque entreprise s'est bâtie sur une histoire, avec des hommes et des femmes ayant contribué aux petites victoires ou ayant vécu les traumatismes qui ont jalonné l'histoire d'une société. Ce patrimoine culturel commun ainsi que les orientations stratégiques d'une entreprise définissent les valeurs communes véhiculées par tous les collaborateurs. Bien souvent, ces valeurs se retrouvent dans la communication de l'entreprise ainsi que dans les manières d'être et de faire de ses collaborateurs.

Par ailleurs, chaque entreprise a ses modes de fonctionnement relationnels, ses procédures et ses niveaux d'exigence. C'est l'ensemble de ces composantes qu'un collaborateur de la fonction ressources humaines doit adopter, comprendre et acquérir pour pouvoir remplir sa fonction correctement, être légitime dans son rôle et reconnu par les autres fonctions/collaborateurs de l'entreprise.

Pour appréhender cette dimension, nous proposons dix compétences clés.

Les compétences métier de la fonction RH

Compétences	Définitions
1. Connaissance de la stratégie de l'entreprise	Connaissance de la stratégie à court, moyen et long terme de l'entreprise et de sa déclinaison en termes de ressources humaines.
2. Connaissance des métiers de l'entreprise	Connaissance de l'histoire des métiers au sein de l'entreprise : évolution des périmètres, évolution des organisations et des libellés des fonctions et connaissance des métiers actuels : qui fait quoi ? Quels sont les profils actuels ?
3. Connaissance de l'histoire de l'entreprise	Qui a créé l'entreprise ? Quels sont les fusions et les rachats qui ont permis l'existence de l'entreprise actuelle ?
4. Connaissance du secteur	Qui sont les concurrents sur le secteur d'activité ? Quel est le positionnement de l'entreprise par rapport à eux ? Quels sont les avantages concurrentiels de l'entreprise ?
5. Connaissance des valeurs de l'entreprise	Quels sont les croyances, les modes de fonctionnement, les façons de faire qui sont véhiculés vis-à-vis des tiers et au sein de l'entreprise, et qui, au quotidien, conditionnent l'intégration d'une personne au groupe ?
6. Connaissance des grands projets	Quels sont les projets organisationnels, informatiques, techniques et commerciaux en cours et à venir ?
7. Connaissance des partenaires de l'entreprise	Quels sont les principaux partenaires de l'entreprise au sein de ses fournisseurs, de ses clients, de son secteur d'activité ?
8. Connaissance de l'histoire de la fonction RH	Connaissance de toute l'histoire de la fonction RH avec ses réussites, ses échecs, ses mythes, ses personnalités, etc.

Les compétences métier de la fonction RH

Compétences	Définitions
9. Connaissance des clients	Elle se traduit par une forte écoute des attentes des clients, une compréhension de leurs enjeux et de leurs besoins, le développement de relations de confiance et la recherche permanente de la satisfaction du client. Cela signifie également de savoir gérer des situations difficiles, stressantes ou conflictuelles, en étant toujours dans une logique de résolution de problème.
10. Connaissance des concurrents	La maîtrise du métier de l'entreprise passe par la connaissance des principaux concurrents, de leurs offres, de leurs avantages sociaux et du climat de travail qu'ils développent. Cela permet de mieux élaborer la stratégie de marketing RH.

Les questionnaires d'évaluation des compétences de la fonction RH

Pour chaque compétence, les individus travaillant au sein de la fonction ressources humaines doivent mentionner leur état de connaissance et de maîtrise en cochant une des quatre cases. Ils obtiennent ainsi un nombre de points qui permet de calculer un taux de maîtrise par activité et en global. Les réponses possibles sont différentes en fonction du type de compétences, mais leur valeur est identique avec quatre niveaux d'évaluation, comme le montre le tableau suivant.

Notation des différents types de compétences

Compétences techniques	Compétences comportementales	Compétences métier	Points
☐ Je maîtrise	☐ Je maîtrise	☐ Je connais et j'utilise	4
☐ Je pratique	☐ Ça peut aller	☐ Je connais mais je n'en tiens pas toujours compte	3
☐ Je connais	☐ J'ai des difficultés	☐ Je connais un peu	2
☐ Je ne connais pas	☐ Je n'y arrive pas	☐ Je ne connais pas	1

Le taux de maîtrise est calculé de la manière suivante : la somme des points aux différentes affirmations est divisée par le nombre d'affirmations et multipliée par 100 pour un affichage en pourcentage. Sur 100 compétences, le score maximum sera de 400 points et le score minimum de 100 points.

Compétences techniques Pilotage RH	
1. Mettre en place un système de veille sociale interne	☐ Je maîtrise ☐ Je pratique ☐ Je connais ☐ Je ne connais pas
2. Faire du benchmarking social	☐ Je maîtrise ☐ Je pratique ☐ Je connais ☐ Je ne connais pas
3. Déployer un audit social sur tout ou partie de l'entreprise	☐ Je maîtrise ☐ Je pratique ☐ Je connais ☐ Je ne connais pas
4. Réaliser des études de satisfaction du corps social	☐ Je maîtrise ☐ Je pratique ☐ Je connais ☐ Je ne connais pas
5. Réaliser le budget de la fonction RH	☐ Je maîtrise ☐ Je pratique ☐ Je connais ☐ Je ne connais pas
6. Construire le tableau de bord de la fonction RH	☐ Je maîtrise ☐ Je pratique ☐ Je connais ☐ Je ne connais pas
7. Réaliser des mesures et des prévisions sur les variables humaines et sociales de l'entreprise	☐ Je maîtrise ☐ Je pratique ☐ Je connais ☐ Je ne connais pas
8. Construire le bilan social	☐ Je maîtrise ☐ Je pratique ☐ Je connais ☐ Je ne connais pas
9. Établir un diagnostic des métiers et des compétences	☐ Je maîtrise ☐ Je pratique ☐ Je connais ☐ Je ne connais pas
10. Mesurer et suivre la variation des effectifs	☐ Je maîtrise ☐ Je pratique ☐ Je connais ☐ Je ne connais pas
11. Identifier les profils des salariés de l'entreprise	☐ Je maîtrise ☐ Je pratique ☐ Je connais ☐ Je ne connais pas
12. Définir des plans d'actions	☐ Je maîtrise ☐ Je pratique ☐ Je connais ☐ Je ne connais pas
13. Définir les besoins informatiques des clients RH	☐ Je maîtrise ☐ Je pratique ☐ Je connais ☐ Je ne connais pas
14. Faire évoluer son système d'information et les outils informatiques RH	☐ Je maîtrise ☐ Je pratique ☐ Je connais ☐ Je ne connais pas

Compétences techniques Pilotage RH	
15. Définir les fonctionnalités à intégrer et administrer les outils informatiques	☐ Je maîtrise ☐ Je pratique ☐ Je connais ☐ Je ne connais pas
16. Gérer la relation avec les prestataires informatiques	☐ Je maîtrise ☐ Je pratique ☐ Je connais ☐ Je ne connais pas
Taux de maîtrise du pilotage RH	

Compétences techniques Gestion des carrières	
17. Définir la stratégie de recrutement	☐ Je maîtrise ☐ Je pratique ☐ Je connais ☐ Je ne connais pas
18. Définir les sources de recrutement	☐ Je maîtrise ☐ Je pratique ☐ Je connais ☐ Je ne connais pas
19. Définir les processus de recrutement	☐ Je maîtrise ☐ Je pratique ☐ Je connais ☐ Je ne connais pas
20. Définir le processus d'intégration des salariés	☐ Je maîtrise ☐ Je pratique ☐ Je connais ☐ Je ne connais pas
21. Définir la stratégie de formation	☐ Je maîtrise ☐ Je pratique ☐ Je connais ☐ Je ne connais pas
22. Définir les orientations de la formation	☐ Je maîtrise ☐ Je pratique ☐ Je connais ☐ Je ne connais pas
23. Concevoir les formations	☐ Je maîtrise ☐ Je pratique ☐ Je connais ☐ Je ne connais pas
24. Organiser les formations	☐ Je maîtrise ☐ Je pratique ☐ Je connais ☐ Je ne connais pas
25. Définir la stratégie d'évaluation	☐ Je maîtrise ☐ Je pratique ☐ Je connais ☐ Je ne connais pas
26. Définir le processus et les supports d'évaluation	☐ Je maîtrise ☐ Je pratique ☐ Je connais ☐ Je ne connais pas
27. Définir les évaluations	☐ Je maîtrise ☐ Je pratique ☐ Je connais ☐ Je ne connais pas
28. Faire le suivi des évaluations	☐ Je maîtrise ☐ Je pratique ☐ Je connais ☐ Je ne connais pas

Compétences techniques Gestion des carrières	
29. Définir la stratégie de mobilité	☐ Je maîtrise ☐ Je pratique ☐ Je connais ☐ Je ne connais pas
30. Définir les conditions d'accompagnement de la mobilité	☐ Je maîtrise ☐ Je pratique ☐ Je connais ☐ Je ne connais pas
31. Mettre en œuvre une approche dédiée aux hauts potentiels	☐ Je maîtrise ☐ Je pratique ☐ Je connais ☐ Je ne connais pas
32. Définir les conditions et processus de reclassement	☐ Je maîtrise ☐ Je pratique ☐ Je connais ☐ Je ne connais pas
Taux de maîtrise de la gestion des carrières	

Compétences techniques Gestion administrative	
33. Identifier les typologies de postes	☐ Je maîtrise ☐ Je pratique ☐ Je connais ☐ Je ne connais pas
34. Définir les types de contrats de travail s'appliquant dans l'entreprise	☐ Je maîtrise ☐ Je pratique ☐ Je connais ☐ Je ne connais pas
35. Gérer l'inscription aux organismes affiliés	☐ Je maîtrise ☐ Je pratique ☐ Je connais ☐ Je ne connais pas
36. Réaliser la rupture d'un contrat de travail	☐ Je maîtrise ☐ Je pratique ☐ Je connais ☐ Je ne connais pas
37. Enregistrer et mettre à jour les données personnelles	☐ Je maîtrise ☐ Je pratique ☐ Je connais ☐ Je ne connais pas
38. Enregistrer et mettre à jour les données professionnelles	☐ Je maîtrise ☐ Je pratique ☐ Je connais ☐ Je ne connais pas
39. Définir les procédures d'intégration des évolutions professionnelles	☐ Je maîtrise ☐ Je pratique ☐ Je connais ☐ Je ne connais pas
40. Informer les clients internes et externes des changements des données des salariés	☐ Je maîtrise ☐ Je pratique ☐ Je connais ☐ Je ne connais pas
41. Qualifier les postes, identifier les durées de travail et les modalités d'application	☐ Je maîtrise ☐ Je pratique ☐ Je connais ☐ Je ne connais pas
42. Définir les procédures et les outils de collecte des temps de travail effectifs	☐ Je maîtrise ☐ Je pratique ☐ Je connais ☐ Je ne connais pas

Compétences techniques
Gestion administrative

43. Définir les procédures de suivi de temps de travail	□ Je maîtrise □ Je pratique □ Je connais □ Je ne connais pas
44. Piloter les temps de travail	□ Je maîtrise □ Je pratique □ Je connais □ Je ne connais pas
45. Appliquer la stratégie de rémunération	□ Je maîtrise □ Je pratique □ Je connais □ Je ne connais pas
46. Définir le processus de paie	□ Je maîtrise □ Je pratique □ Je connais □ Je ne connais pas
47. Produire les paies	□ Je maîtrise □ Je pratique □ Je connais □ Je ne connais pas
48. Effectuer les déclarations légales	□ Je maîtrise □ Je pratique □ Je connais □ Je ne connais pas

Taux de maîtrise de la gestion administrative

Compétences techniques
Gestion des relations sociales

49. Gérer la judiciarisation des rapports au travail	□ Je maîtrise □ Je pratique □ Je connais □ Je ne connais pas
50. Gérer les conflits internes	□ Je maîtrise □ Je pratique □ Je connais □ Je ne connais pas
51. Gérer les questions de retraite et de prévoyance	□ Je maîtrise □ Je pratique □ Je connais □ Je ne connais pas
52. Effectuer une veille sur les évolutions du droit du travail	□ Je maîtrise □ Je pratique □ Je connais □ Je ne connais pas
53. Favoriser le dialogue social	□ Je maîtrise □ Je pratique □ Je connais □ Je ne connais pas
54. Planifier les activités et chantiers sociaux	□ Je maîtrise □ Je pratique □ Je connais □ Je ne connais pas
55. Suivre le climat social	□ Je maîtrise □ Je pratique □ Je connais □ Je ne connais pas
56. Former et informer les managers sur leur rôle dans le dialogue social	□ Je maîtrise □ Je pratique □ Je connais □ Je ne connais pas

Compétences techniques Gestion des relations sociales	
57. Définir les événements et projets auxquels l'entreprise s'associe	☐ Je maîtrise ☐ Je pratique ☐ Je connais ☐ Je ne connais pas
58. Définir le budget consacré à la subvention des actions sociales	☐ Je maîtrise ☐ Je pratique ☐ Je connais ☐ Je ne connais pas
59. Définir les modalités de mise en œuvre des actions sociales	☐ Je maîtrise ☐ Je pratique ☐ Je connais ☐ Je ne connais pas
60. Assurer la communication des actions sociales	☐ Je maîtrise ☐ Je pratique ☐ Je connais ☐ Je ne connais pas
61. Veiller à la qualité des conditions de travail	☐ Je maîtrise ☐ Je pratique ☐ Je connais ☐ Je ne connais pas
62. Aménager l'organisation du travail	☐ Je maîtrise ☐ Je pratique ☐ Je connais ☐ Je ne connais pas
63. Respecter les impératifs réglementaires	☐ Je maîtrise ☐ Je pratique ☐ Je connais ☐ Je ne connais pas
64. Définir les plans de santé	☐ Je maîtrise ☐ Je pratique ☐ Je connais ☐ Je ne connais pas
Taux de maîtrise de la gestion des relations sociales	

Compétences techniques Développement RH	
65. Définir la stratégie de communication RH	☐ Je maîtrise ☐ Je pratique ☐ Je connais ☐ Je ne connais pas
66. Identifier les médias et sélectionner les supports de communication	☐ Je maîtrise ☐ Je pratique ☐ Je connais ☐ Je ne connais pas
67. Définir les messages de communication	☐ Je maîtrise ☐ Je pratique ☐ Je connais ☐ Je ne connais pas
68. Définir l'approche marketing RH	☐ Je maîtrise ☐ Je pratique ☐ Je connais ☐ Je ne connais pas
69. Identifier les projets clés avec une dimension conduite du changement structurante	☐ Je maîtrise ☐ Je pratique ☐ Je connais ☐ Je ne connais pas
70. Définir les modalités d'accompagnement du changement	☐ Je maîtrise ☐ Je pratique ☐ Je connais ☐ Je ne connais pas

Compétences techniques
Développement RH

71. Définir les actions de changement en direction des managers	☐ Je maîtrise ☐ Je pratique ☐ Je connais ☐ Je ne connais pas
72. Piloter les transformations dans l'entreprise	☐ Je maîtrise ☐ Je pratique ☐ Je connais ☐ Je ne connais pas
73. Définir la stratégie de rémunération	☐ Je maîtrise ☐ Je pratique ☐ Je connais ☐ Je ne connais pas
74. Définir la stratégie de fidélisation des collaborateurs	☐ Je maîtrise ☐ Je pratique ☐ Je connais ☐ Je ne connais pas
75. Formaliser un plan de motivation et d'implication	☐ Je maîtrise ☐ Je pratique ☐ Je connais ☐ Je ne connais pas
76. Favoriser les conditions de travail	☐ Je maîtrise ☐ Je pratique ☐ Je connais ☐ Je ne connais pas
77. Définir et communiquer sur le positionnement et les actions de l'entreprise en termes de diversité	☐ Je maîtrise ☐ Je pratique ☐ Je connais ☐ Je ne connais pas
78. Définir et communiquer sur le positionnement et les valeurs de l'entreprise en termes de responsabilité sociétale	☐ Je maîtrise ☐ Je pratique ☐ Je connais ☐ Je ne connais pas
79. Définir et communiquer sur les processus cibles en termes de développement durable	☐ Je maîtrise ☐ Je pratique ☐ Je connais ☐ Je ne connais pas
80. Définir les modalités de déploiement et de contrôle des actions de responsabilités sociales des entreprises (RSE)	☐ Je maîtrise ☐ Je pratique ☐ Je connais ☐ Je ne connais pas
Taux de maîtrise du développement RH	

Compétences comportementales

81. Écoute	☐ Je maîtrise ☐ Ça peut aller ☐ J'ai des difficultés ☐ Je n'y arrive pas
82. Synthèse	☐ Je maîtrise ☐ Ça peut aller ☐ J'ai des difficultés ☐ Je n'y arrive pas
83. Coordination	☐ Je maîtrise ☐ Ça peut aller ☐ J'ai des difficultés ☐ Je n'y arrive pas
84. Rigueur dans le travail	☐ Je maîtrise ☐ Ça peut aller ☐ J'ai des difficultés ☐ Je n'y arrive pas

Compétences comportementales	
85. Gestion de projet	☐ Je maîtrise ☐ Ça peut aller ☐ J'ai des difficultés ☐ Je n'y arrive pas
86. Capacité de mesure	☐ Je maîtrise ☐ Ça peut aller ☐ J'ai des difficultés ☐ Je n'y arrive pas
87. Négociation	☐ Je maîtrise ☐ Ça peut aller ☐ J'ai des difficultés ☐ Je n'y arrive pas
88. Communication	☐ Je maîtrise ☐ Ça peut aller ☐ J'ai des difficultés ☐ Je n'y arrive pas
89. Dialogue	☐ Je maîtrise ☐ Ça peut aller ☐ J'ai des difficultés ☐ Je n'y arrive pas
90. Intelligence de situation	☐ Je maîtrise ☐ Ça peut aller ☐ J'ai des difficultés ☐ Je n'y arrive pas

Taux de maîtrise des compétences comportementales

Compétences métier	
91. Connaissance de la stratégie de l'entreprise	☐ Je connais et j'utilise ☐ Je connais mais je n'en tiens pas compte systématiquement ☐ Je connais un peu ☐ Je ne connais pas
92. Connaissance des métiers de l'entreprise	☐ Je connais et j'utilise ☐ Je connais mais je n'en tiens pas compte systématiquement ☐ Je connais un peu ☐ Je ne connais pas
93. Connaissance de l'histoire de l'entreprise	☐ Je connais et j'utilise ☐ Je connais mais je n'en tiens pas compte systématiquement ☐ Je connais un peu ☐ Je ne connais pas
94. Connaissance du secteur	☐ Je connais et j'utilise ☐ Je connais mais je n'en tiens pas compte systématiquement ☐ Je connais un peu ☐ Je ne connais pas
95. Connaissance des valeurs de l'entreprise	☐ Je connais et j'utilise ☐ Je connais mais je n'en tiens pas compte systématiquement ☐ Je connais un peu ☐ Je ne connais pas
96. Connaissance des grands projets	☐ Je connais et j'utilise ☐ Je connais mais je n'en tiens pas compte systématiquement ☐ Je connais un peu ☐ Je ne connais pas

Compétences métier	
97. Connaissance des partenaires de l'entreprise	☐ Je connais et j'utilise ☐ Je connais mais je n'en tiens pas compte systématiquement ☐ Je connais un peu ☐ Je ne connais pas
98. Connaissance de l'histoire de la fonction RH	☐ Je connais et j'utilise ☐ Je connais mais je n'en tiens pas compte systématiquement ☐ Je connais un peu ☐ Je ne connais pas
99. Connaissance des clients	☐ Je connais et j'utilise ☐ Je connais mais je n'en tiens pas compte systématiquement ☐ Je connais un peu ☐ Je ne connais pas
100. Connaissance des concurrents	☐ Je connais et j'utilise ☐ Je connais mais je n'en tiens pas compte systématiquement ☐ Je connais un peu ☐ Je ne connais pas
Taux de maîtrise des compétences métier	

Il est possible de pondérer les moyennes des taux en affectant un coefficient sur les compétences qui sont les plus importantes pour les besoins de l'entreprise. Il est également possible d'appliquer un coefficient en fonction de l'expérience et de l'ancienneté dans le poste du collaborateur. Ainsi, certaines activités pourront être retirées du calcul ou avoir un coefficient différent.

Le taux de maîtrise comme évaluation des compétences de la fonction RH

Les taux de maîtrise des compétences obtenus pour les trois types de compétences font ensuite l'objet d'une moyenne pour avoir un taux de maîtrise global. Les résultats obtenus peuvent être présentés par des tableaux et graphiques comme le montrent les illustrations suivantes.

Synthèse des taux de maîtrise

Compétences	Taux de maîtrise
Pilotage RH	55 %
Gestion des carrières	55 %
Gestion administrative	80 %

Synthèse des taux de maîtrise

Compétences	Taux de maîtrise
Gestion des relations sociales	60 %
Développement RH	60 %
Compétences techniques	62 %
Compétences comportementales	43 %
Compétences métier	31 %
Taux de maîtrise global	45 %

Les figures 17 et 18 permettent de discerner les forces et les faiblesses des différentes catégories de compétences et ainsi d'orienter les actions de formation et de professionnalisation pour corriger les dérives. Le premier graphique est un radar comportant les trois taux de maîtrise principaux. Le second illustre les taux de maîtrise des cinq catégories techniques.

Figure 17 : Graphiques d'analyse des taux de maîtrise

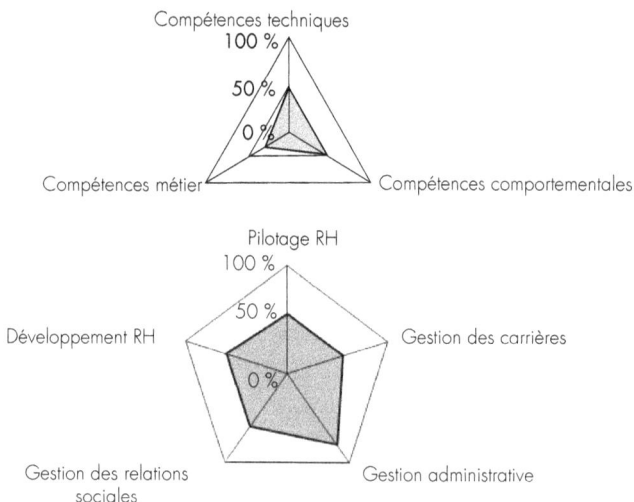

Figure 18 : L'architecture des différents taux de maîtrise

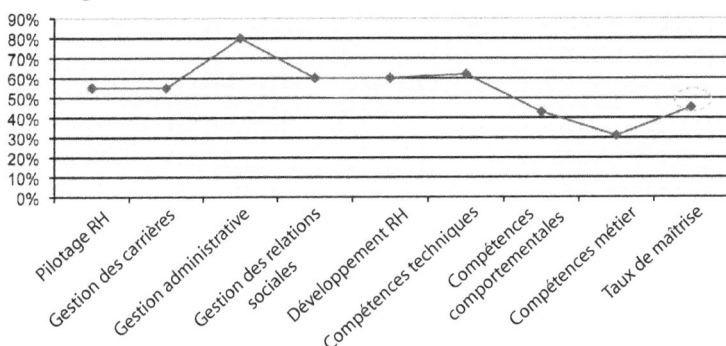

Ces résultats sont à analyser de manière globale et en tenant compte des acteurs qui constituent l'équipe. Pour des collaborateurs débutant au sein de la fonction ressources humaines, nous pouvons attendre une évaluation entre 40 et 60 %. Pour des collaborateurs expérimentés, ce taux doit être au minimum de 75 %. De même, certaines compétences pourront être jugées non appropriées au contexte et aux besoins de l'entreprise. Celles-ci pourront être retirées de l'étude ou bien pondérées en fonction de leur importance.

Le taux de maîtrise global permet de positionner le niveau de compétence de la fonction sur une échelle de 0 à 100 avec quatre configurations types, comme le montre la figure suivante sous la forme d'un baromètre.

Figure 19 : Baromètre du taux de maîtrise des compétences

Taux de maîtrise

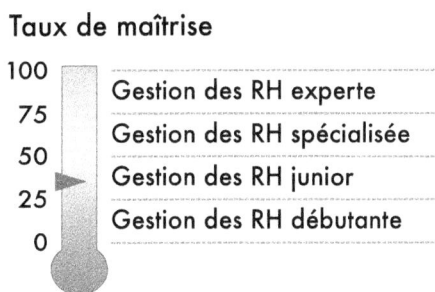

100
75
50
25
0

Gestion des RH experte
Gestion des RH spécialisée
Gestion des RH junior
Gestion des RH débutante

GRH experte : le taux de maîtrise est en moyenne de 75 %, faisant état d'une maîtrise très élevée dans l'ensemble des compétences. Cela peut résulter d'une maîtrise dans tous les domaines ou bien de scores très élevés dans certains, notamment dans le domaine technique, qui pondère à hauteur de 80 % le taux global de manière standard, même s'il est possible de pondérer la répartition entre les trois types de compétences. Les personnes évaluées peuvent être considérées comme des experts de la fonction, avec une expertise qui se matérialise sur quelques points et une très bonne connaissance de tous les autres. Les pistes de progrès portent sur les savoirs et les compétences les plus faibles.

GRH spécialisée : le taux de maîtrise est compris entre 50 % et 75 %. Il est au-dessus de la moyenne, faisant ainsi état d'un niveau de compétences acceptable et couvrant les besoins de gestion ordinaires de l'entreprise. Ce taux est principalement dû à des compétences développées dans certains domaines techniques et à l'absence totale de savoir et d'expérience dans d'autres. Cela correspond à un cadre RH en cours de professionnalisation ou bien un collaborateur qui fait bien ce qui lui est demandé, mais ne fait pas de propositions d'évolution.

GRH junior : le taux de maîtrise des compétences est en dessous de la moyenne avec des scores oscillant entre 25 % et 50 %. Si le score est très proche de 50, les remarques qui caractérisent cette configuration sont à apprécier avec celle de la « GRH spécialisée ». Les notes obtenues pour chaque compétence sont en général moyennes avec des scores plus élevés pour les compétences techniques et des notes très faibles pour les compétences comportementales et métiers. Cette configuration est qualifiée de « **gestionnaire** » pour stigmatiser un niveau moyen faible avec un bon potentiel de progression. Les faiblesses sont plus dues au manque d'expérience de l'équipe qu'à des manques structurels. Si cela correspond aux besoins de l'entreprise, l'effet temps jouera sur l'expérience nécessaire. Dans le cas contraire, il faudra envisager l'embauche de collaborateurs plus seniors ou bien des formations dédiées sur les points qui intéressent l'entreprise.

GRH débutante : cette dernière configuration est la plus alarmante pour une entreprise. Le taux de maîtrise des compétences se situe entre 0 et 25 %. Cette situation peut s'expliquer par le fait d'avoir pris un collaborateur sans expérience dans une fonction nouvellement créée. Acceptable tout au début, cette situation ne peut perdurer au risque d'avoir un collaborateur incompétent et ne répondant pas aux besoins de l'entreprise. Le niveau de maîtrise est très faible sur l'ensemble des compétences et certaines font même l'objet d'une méconnaissance totale, ne permettant pas aux personnes de prendre conscience de l'importance de celles-ci et des impacts qu'elles peuvent avoir sur l'entreprise. Dans un tel cas de figure, il faut très vite engager des actions de correction en professionnalisant, en revoyant les missions de la fonction ou en changeant les personnes.

Synthèse

L'évaluation des compétences de la fonction ressources humaines se fait au travers du calcul d'un taux de maîtrise des compétences qui reflète les connaissances des acteurs de la fonction en termes de compétences techniques, comportementales et métier. L'évaluation globale qui en résulte permet de mesurer ce taux de maîtrise, d'envisager des actions de formation, de diagnostiquer la fonction en lui attribuant une configuration compétences et d'alimenter le deuxième axe de l'évaluation globale.

Chapitre 5

L'évaluation des ressources et de l'organisation de la fonction ressources humaines

▪ Évaluation des variables structurelles de la fonction RH
▪ Le questionnaire des variables structurelles
▪ Le taux de support structurel comme évaluation des ressources

Après avoir évalué les activités et les compétences, nous nous intéressons à l'évaluation de l'organisation des entités ressources humaines. La notion d'organisation recouvre plusieurs notions : elle désigne tout aussi bien l'organigramme de la fonction, l'ensemble des ressources (humaines, matérielles et systèmes) que les modes de fonctionnement.

La notion de structure désigne l'ensemble des moyens formels et informels qui constituent les ressources de l'action. Sans ces moyens, il est impossible de produire quoi que ce soit, mais ces derniers n'ont de valeur que dans leur capacité à produire de la valeur à des clients par les activités que nous avons développées dans le chapitre 3. La question qui se pose en termes d'évaluation à propos de la structure est double. Quel est le dimensionnement de cette structure ? Et ce dimensionnement est-il en adéquation avec le niveau d'activité et d'attente des clients, que ceux-ci soient internes ou externes ?

La fonction ressources humaines est une fonction support aux autres fonctions de l'entreprise. Comme pour toute fonction support, il convient de s'interroger sur son coût et sur son dimensionnement pour pouvoir apprécier sa valeur ajoutée et évaluer son niveau de performance. Dans ce chapitre, nous avançons quelques ratios de dimensionnement des fonctions ressources humaines.

Évaluation des variables structurelles de la fonction RH

L'ensemble des ressources à partir desquelles les activités de la fonction ressources humaines pourront être réalisées forment le référentiel structurel de cette fonction :

- le positionnement de la fonction dans l'organigramme ;
- le fonctionnement interne ;
- les enjeux de la fonction ;
- les ressources de la fonction.

L'appréciation de ces variables permet de les quantifier et de s'interroger sur leur niveau de performance et de criticité, rendant ainsi possible la détermination d'un taux de support structurel de la fonction ressources humaines.

Le positionnement et l'organigramme de la fonction

L'organigramme d'une société ainsi que la dénomination donnée aux entités en charge des ressources humaines sont révélateurs des moteurs de l'entreprise et du niveau de maturité de la fonction ressources humaines en son sein.

Si le DRH d'une entreprise siège souvent au conseil d'administration de celle-ci, la déclinaison des fonctions ressources humaines au sein des entreprises revêt plusieurs structures selon les choix stratégiques retenus. Nous pouvons ainsi distinguer trois types d'organisations :

▶ une direction centrale des ressources humaines rattachée à la direction générale ;

▶ une organisation locale, décentralisée, des ressources humaines ;

▶ une externalisation d'une partie des services ressources humaines.

Une direction centrale

La direction centrale définit la politique de ressources humaines en cohérence avec les orientations *business* de la direction générale. Ces orientations sont ensuite déclinées au sein des entités RH qui peuvent lui être rattachées. C'est une approche transversale classique qui permet à chaque entité, *business unit*, région, etc., d'appliquer les éléments clés de la stratégie.

La DRH centrale veille à adapter les organisations et les procédures aux orientations stratégiques de l'entreprise. Elle pilote l'ingénierie RH, à savoir l'ensemble des processus clés que les opérationnels et les responsables RH locaux doivent s'approprier et mettre en pratique pour véhiculer les valeurs et les modes de travail de l'entreprise.

Une organisation locale

Cette organisation s'impose au sein des grands groupes à dimension souvent internationale et où la multiplicité et la diversité des métiers imposent une proximité des ressources humaines pour accompagner au mieux les collaborateurs. Des unités ou directions locales dédiées aux ressources humaines mettent en application les décisions opérationnelles des directions centrales. Ces unités peuvent donner lieu à des organisations transversales ou matricielles. Dans ce dernier cas, les directions locales sont hiérarchiquement rattachées à l'entité de direction locale et fonctionnellement dépendantes de la direction des ressources humaines centrales.

Une externalisation des ressources humaines

Un nombre croissant d'entreprises s'interrogent sur la pertinence de conserver l'intégralité des services de ressources humaines en interne ou d'en externaliser certaines fonctions. Le terme « externalisation » recouvre plusieurs réalités organisationnelles :

▶ une prise en charge complète ou partielle d'un service ou d'une fonction par un prestataire externe ;

▶ une mutualisation des services entre entités au sein d'un même groupe ;

▶ la délégation de la gestion et du pilotage de certains projets par des sociétés de conseil en management.

Les succès croissant des services partagés dans les RH

Une enquête réalisée par le cabinet Hewitt Associates montre que de plus en plus d'entreprises ont recours aux centres de services partagés (CSP) pour la gestion de leurs services transactionnels, et principalement la gestion des tâches administratives telle que la paie. Mais le champ d'action des CSP va s'élargir pour accompagner les RH dans la recherche de la satisfaction de leurs clients et l'optimisation de leurs coûts (recrutement, formation).

D'après cette étude, les CSP engendrent une réduction de 13 % des coûts de la gestion des RH et permettent de réduire de 15 % les effectifs.

Source : http://www.hewittassociates.com

L'évaluation du positionnement et de l'organisation

Comment évaluer si le positionnement et l'organisation sont performants ? Au-delà de la description qui vient d'être faite, nous pouvons amener certains acteurs de l'entreprise à se positionner sur la justesse et l'intérêt du positionnement de la fonction ressources humaines. Ainsi, pour évaluer la justesse du positionnement, nous préconisons de questionner les collaborateurs de la fonction ressources humaines, quels que soient leurs profils et leurs clients internes, principalement sur le thème suivant : le positionnement des entités en charge des ressources humaines est-il le plus pertinent pour répondre au mieux aux besoins de l'entreprise ? En répondant par « oui, tout à fait », « oui, en partie », « non » et « non, et c'est très dommageable », vous évaluez sur une échelle de 1 à 4 la pertinence de ce positionnement.

Le fonctionnement interne

Le fonctionnement interne est un des éléments contributifs de la performance d'une entité. Il peut être envisagé au travers de plusieurs thèmes :

▶ l'organisation interne de la fonction ;

▶ le mode de coordination entre les différentes entités et les acteurs de la fonction ;

▶ la formalisation des postes et des fonctions ;

▶ la formalisation des processus des activités.

L'organisation interne de la fonction RH

L'organisation de la fonction ressources humaines définit les modalités de répartition des activités et des tâches entre les acteurs de la fonction. Les liens hiérarchiques ou fonctionnels entre chacune des entités et leur positionnement dans l'organigramme sont le reflet de la répartition du pouvoir dans le service.

L'organisation de la fonction ressources humaines sera plus ou moins formalisée en fonction du nombre de collaborateurs qui composent cette entité. Dans les équipes composées de plus de trois personnes, il est important que la répartition des activités soit clairement explicitée au sein de l'équipe, mais également vis-à-vis de l'extérieur.

Lorsque le nombre est très restreint, la configuration est celle d'un responsable avec un ou deux adjoints qui se répartissent les tâches mais avec un point de centralisation fort sur le responsable.

Dès que le nombre dépasse les trois personnes et s'oriente vers les cinq et plus, le « qui fait quoi ? » doit être formalisé sous la forme d'un organigramme ou bien d'un descriptif de fonctionnement. Les collaborateurs peuvent être organisés en fonction de leurs prestations centrées autour des activités du cœur de métier (administration, relations sociales, etc.), de leurs clients (direction A + B, direction C + D + E, etc.), de zones géographiques (France, Europe, région Normandie, région Rhône-Alpes...), ou bien de manière matricielle entre toutes ces dimensions (les responsables des relations sociales des régions).

Figure 20 : Exemple d'organisation matricielle

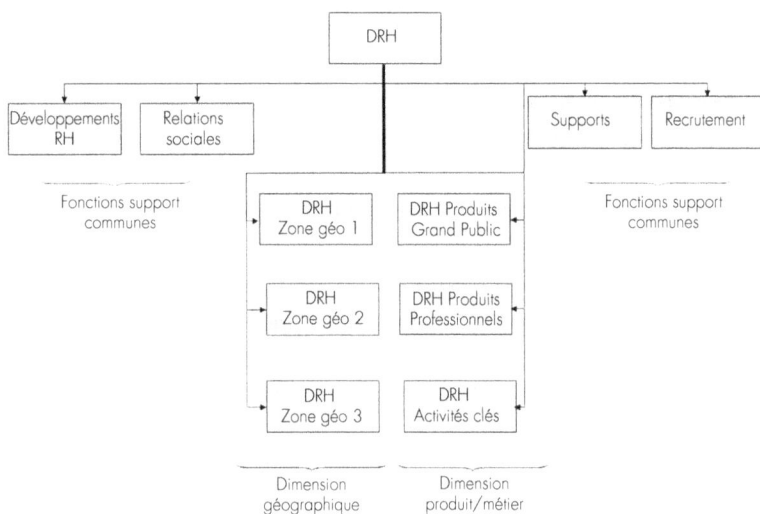

La répartition des effectifs au sein de la fonction ressources humaines est en forte évolution. Les effectifs traitant de la paie et de l'administration sont en baisse, alors que les équipes en charge de la politique et de la gestion des ressources humaines sont en plein essor.

Le mode de coordination entre les différentes entités et les acteurs de la fonction

Le mode de coordination définit la manière par laquelle les acteurs de la fonction ressources humaines échangent entre eux, au sein des différentes activités et avec leurs clients, pour la réalisation de leur activité. Le mode de coordination est souvent conditionné par l'organisation et le style de management. En reprenant la typologie des modes de coordination de Mintzberg[1], êtes-vous en situation :

- d'ajustement informel qui consiste à s'accorder par une communication informelle (paroles, gestes) ;

- de supervision directe, par laquelle un responsable hiérarchique (un chef d'atelier, par exemple) donne des instructions à des subordonnés et contrôle leur travail ;

- de standardisation des procédés : les méthodes de travail, les procédures sont consignées par avance. L'exécutant suit la programmation, sans le concours d'une tierce personne ;

- de standardisation des résultats : au lieu de spécifier les procédés, on fixe les objectifs à atteindre. Par exemple, un VRP qui doit réaliser tel chiffre de ventes dans tel délai, sans que soit spécifiée la méthode permettant d'y parvenir ;

- de standardisation des qualifications : cette méthode est utilisée lorsque le travail nécessite une large autonomie et qu'il est difficile de définir à l'avance les résultats ou les méthodes.

Le style de management définit les marges de liberté laissées à chacun pour exercer son activité et le mode relationnel qui est établi entre les personnes. Il est fonction de la personnalité du responsable mais également de la culture de l'entreprise. Selon le mode de coordination, le secteur d'activité et les variables culturelles de l'entreprise, le style de management varie en termes d'autonomie laissée aux équipes et de fonctionnement

---

1. H. Mintzberg, *Structure et dynamique des organisations*, Éditions d'Organisation, 1982.

plus ou moins centralisé ou collaboratif. La matrice des styles de management autonomie/échanges fait mention de quatre configurations types structurantes.

Management interactif

Les collaborateurs de la fonction ressources humaines ont une large autonomie d'action, avec une délimitation claire de leur périmètre d'activité, et des modes opératoires autonomes. Pour la réalisation de leur activité et l'évolution de celle-ci, ils réfléchissent collectivement et interagissent le plus possible pour bénéficier des apports de tous.

Management reporting

Les collaborateurs de la fonction ressources humaines bénéficient d'une large autonomie de réalisation, mais doivent remplir de nombreux reportings justifiant de leurs productions et des temps passés dans une logique contractuelle avec leur supérieur. Ce mode de management permet une bonne traçabilité de l'activité mais peut engendrer des dérives bureaucratiques contraires à l'objectif d'efficacité recherché.

Management injonctif

Ce type de management est centralisé sur le responsable qui exige que tout soit validé par lui. Les collaborateurs de la fonction ressources humaines sont alors des assistants qui appliquent les modèles « du chef » et lui transmettent toutes leurs productions qu'il validera et adressera aux différents destinataires. Ce mode de management autocratique et autoritaire ne peut s'appliquer que dans un fonctionnement très standardisé et avec une population n'ayant que peu de volonté de participation.

Management « rendre compte »

Il permet un échange mais avec une faible autonomie. Les collaborateurs de la fonction ressources humaines doivent systématiquement rendre compte de leurs productions, mais également de leur perception, à leur responsable. L'échange est permis mais dans un cadre très centralisé.

Figure 21 : La matrice autonomie/échanges

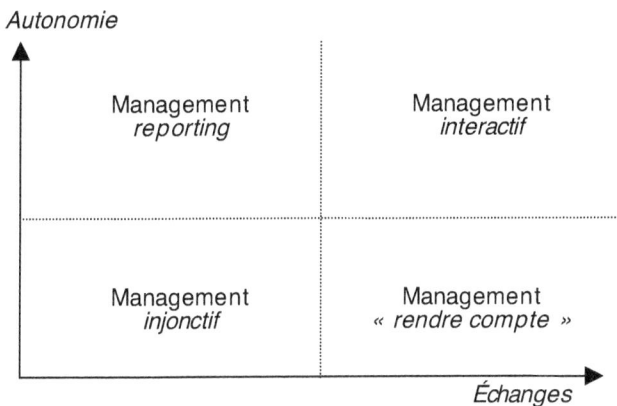

Autonomie

Management *reporting*	Management *interactif*
Management *injonctif*	Management « *rendre compte* »

Échanges

La formalisation des postes et des fonctions

Des réflexions naissent au sein d'entreprises pour mettre en œuvre des référentiels métier qui permettent à chacun, selon son poste, de faire le lien entre sa mission et les compétences acquises, et de connaître les évolutions de poste envisageables et les formations possibles pour progresser et compléter son expérience au sein de ce poste.

Dans tous les cas, dans la fiche de poste, nous devons retrouver les éléments suivants :

▪ l'intitulé du poste ;

▪ les compétences requises ;

▪ le rattachement hiérarchique ;

▪ les rattachements fonctionnels (en termes d'expertise) ;

▪ les activités permanentes ;

▪ les activités occasionnelles ;

▪ les systèmes d'information nécessaires ;

▪ les sources d'information pour l'exercice de la fonction ;

▪ les formations qui sont proposées par l'entreprise.

Toutes les entreprises n'ont pas à leur disposition des fiches de poste de manière globale ou partielle. Ce mode de fonctionnement tracé ne fait pas partie de toutes les cultures d'entreprise et l'évolution permanente des postes fait qu'il faut toujours mettre à jour les descriptions existantes et en créer de nouvelles. Cette formalisation engage simultanément l'entreprise et le salarié dans une relation contractuelle qui permet un meilleur suivi de « qui fait quoi ». Ces fiches métier sont également utilisées pour les entretiens annuels d'évaluation, permettant ainsi de faire porter l'évaluation sur un périmètre connu et accepté par les intéressés.

L'émergence de nouveaux besoins au sein des ressources humaines et la création de nouveaux postes, tel que nous l'avons vu au chapitre 2, renforcent la nécessité de formaliser les rôles, les tâches et les dépendances des uns et des autres dans des structures où les interlocuteurs se multiplient et les métiers requièrent de plus en plus d'experts.

Exemples d'annonces de recrutement

1. Responsable RH
L'entreprise x recherche pour sa filiale de bâtiments et travaux publics, en région Île-de-France, un responsable ressources humaines.

Type de contrat : CDI

Description du poste
Directement rattaché(e) au directeur général France, vous gérez les activités ressources humaines dans leur ensemble en soutien des opérationnels du groupe.

Vous encadrez le service recrutement et veillez au quotidien à l'efficacité du process recrutement à travers la responsabilisation des gestionnaires recrutement, la planification des recrutements, l'accompagnement dans la conduite d'entretiens.
Vous interviendrez également sur la formation en accompagnant la gestion des performances et la gestion des plans de formation globaux.
En tant que responsable RH, vous aurez à intervenir également en gestion sociale (entretiens de départs, gestion des avantages sociaux, suivi de l'absentéisme…).

Profil recherché
De formation supérieure en ressources humaines, vous possédez une expérience probante d'au moins 5 ans en ressources humaines, généraliste, acquise dans un environnement industriel. Dynamique, vous êtes force de proposition, d'un tempérament sociable, vous disposez d'une qualité d'écoute de vos interlocuteurs. Vous possédez un très bon niveau d'anglais.
Source : http://www.monster.fr

2. Assistant RH
Société du secteur agroalimentaire recherche son assistant(e) RH pour un CDD de 6 mois à compter du ..... .

Description du poste
Rattaché(e) à la responsable ressources humaines du site, vous aurez pour principale mission la gestion des recrutements pour les établissements, participerez au développement du service ressources humaines au sein de la *business unit* France Centre.
À ce poste, vous serez responsable de la définition du besoin en collaboration avec les managers, de la rédaction des annonces, du lancement des demandes auprès de nos partenaires et cabinets de recrutement. Vous présélectionnerez les candidats, organiserez les sessions de recrutements et participerez aux entretiens de recrutement, en partenariat avec les opérationnels. Vous irez jusqu'à la proposition d'embauche et à la passation des informations avec l'assistante administration du personnel.
Vous gérerez, en parallèle le partenariat avec les écoles, les relations avec les managers, le budget, le recrutement et la gestion des intérimaires et des stagiaires pour le site.
Vous participerez également aux projets d'amélioration du service ressources humaines, notamment sur la mise à jour et le suivi des fiches de poste des salariés, la gestion de la performance, l'organisation de l'enquête annuelle de satisfaction du personnel, la mise à jour de procédures...

Profil recherché
Diplômé(e) d'une formation en ressources humaines généraliste ou en recrutement (bac +2 minimum), vous possédez une expérience de 5 ans minimum dans le recrutement, au sein d'un service ressources humaines, dans un environnement proche de'industrie.
Vous avez un bon niveau d'anglais et une bonne maîtrise des systèmes informatiques (Pack Office, systèmes RH). Au-delà de votre expérience, de vos connaissances techniques, vous possédez un

très bon relationnel et êtes doté(e) de qualités d'ouverture d'esprit, d'écoute et d'empathie. Vous maîtrisez parfaitement la communication tant orale qu'écrite, êtes rigoureux(se), professionnel(le) et force de proposition.

Source : http://www.monster.fr

La formalisation des processus des activités

Les processus RH doivent être connus, compris, accessibles et appliqués par les équipes RH pour une bonne appropriation des méthodes et outils à appliquer. La formalisation des processus RH permet à la fonction RH de communiquer sur ses prestations dans une logique de lisibilité et de traçabilité. Chacune des pratiques RH se doit d'être formalisée et documentée. Ces processus formalisés constituent un outil de contrôle interne de la fonction et une base pour leur informatisation. C'est ainsi que la fonction ressources humaines développe et propose à ses clients internes un grand nombre d'outils : sites intranet ou portails RH destinés aux salariés pour consulter des informations, accéder aux publications réglementaires (convention collective, par exemple), retrouver les documents administratifs à télécharger, soumettre sa candidature à un poste sur le site d'une bourse des métiers, etc. (voir figure 22).

Les enjeux de la fonction RH

Une enquête récente mondiale sur les priorités des DRH, publiée dans un article des *Echos* du 21 avril 2008, donne par pays les cinq priorités répertoriées. Comme le montre le tableau suivant, les DRH français ont pour première priorité la mesure de la performance des RH. Ce livre s'inscrit donc pleinement dans la première priorité des DRH français. À noter la faible attention portée au leadership par rapport aux autres pays : la notion de leadership ne serait pas une priorité en France. La France et l'Allemagne sont les deux seuls pays à ne pas faire entrer cet item dans leurs cinq préoccupations principales. Cette enquête montre aussi que les DRH des entreprises françaises sont beaucoup moins soucieux de la gestion des talents.

Figure 22 : Exemple d'un macroprocessus de recrutement

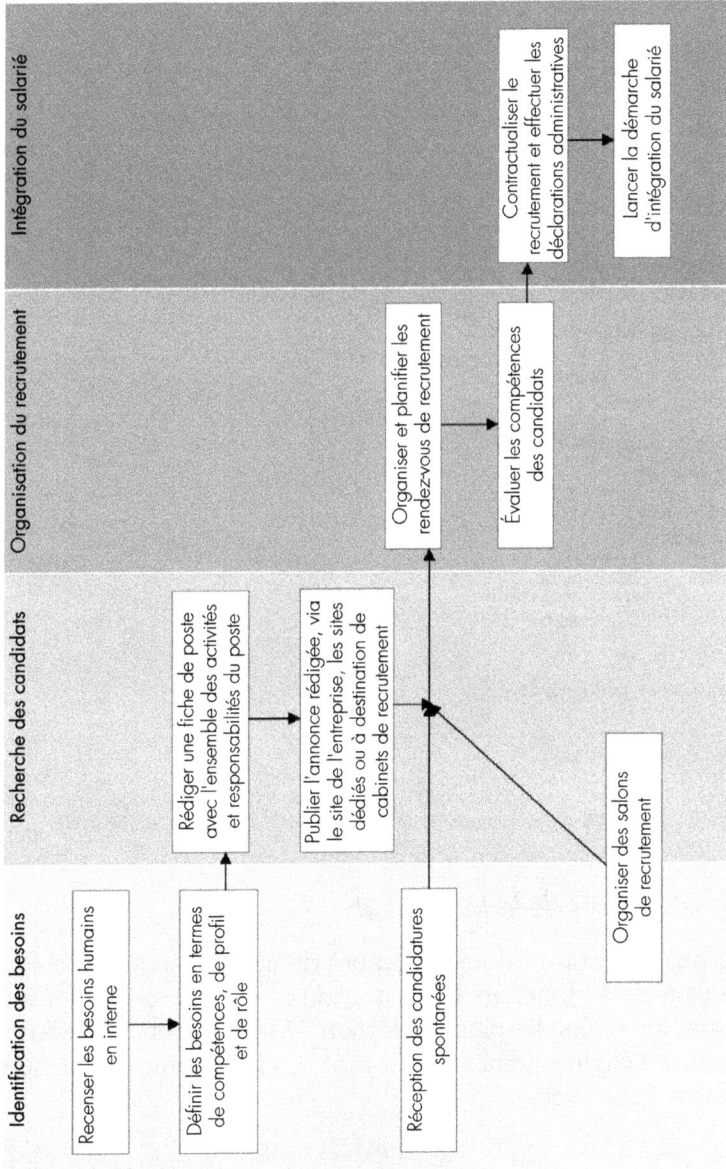

Les cinq priorités des DRH

	États-Unis	Japon	Chine	Allemagne	Royaume-Uni	France
Gestion des talents	1	1	2	2	1	4
Développement du leadership	2	3	1		2	
Équilibre vie privée/vie professionnelle		5		5		
Gestion de la problématique démographique	3		4	1	4	3
Transformer le groupe en organisation apprenante		2		3		
Gestion de la mondialisation			3		3	
Développement de l'engagement des salariés						2
Individualisation de la politique salariale						
Position du DRH en partenaire stratégique	5	4				
Gestion du changement	4			4		
Responsabilité sociale de l'entreprise						5
Mesure de la performance RH						1
Gestion de la diversité				5	5	

Source : The Boston Consulting Group et World Federation of Personnel Management Association 2007-2008, *Enquête sur les cinq priorités des DRH* (de 1 à 5, 1 étant le plus prioritaire).

Les ressources de la fonction RH

La quantification du juste nombre de collaborateurs à intégrer au sein de la fonction RH est critique car elle correspond au poste de coûts le plus important. Mais d'autres ressources comme l'environnement de travail et l'informatique sont également à analyser.

L'affirmation d'un nombre dans l'absolu est très difficile tant les conditions de fonctionnement et les activités des entreprises sont différentes. L'un des indicateurs permettant de donner une image globale des ressources de la fonction ressources humaines est le ratio effectif RH/effectif global. Le ratio moyen standard est de 1,05 %, et peut être légèrement révisé en fonction du niveau d'externalisation de certaines fonctions et de la taille des entreprises.[1]

Comment se positionner par rapport à ce ratio ?

Ce ratio n'est qu'une indication moyenne et doit faire l'objet d'une utilisation contingente pour tenir compte des particularités de certaines entreprises. Cependant, il permet de s'interroger sur la notion de volumétrie d'une fonction ressources humaines afin de mieux envisager le dimensionnement le plus adapté à sa propre configuration d'entreprise et par rapport aux objectifs de la fonction.

Les coûts de la fonction ressources humaines

La notion d'effectifs est très structurante, car c'est le premier poste de coûts de la fonction ressources humaines. De manière exploratoire, nous avons essayé de dimensionner les coûts standards de la fonction ressources humaines.

Les quatre postes de coûts les plus importants sont, dans l'ordre croissant : les rémunérations, l'environnement matériel, les services et les outils informatiques. Les dépenses internes de la fonction RH représentent en moyenne 3,4 % de la masse salariale de l'entreprise.

La masse salariale chargée d'une entreprise représente entre 30 et 90 % de ses coûts financiers selon sa structure et son secteur d'activité. Cette échelle s'applique également aux coûts de fonctionnement d'une DRH, qui inclut le service paie et l'entité

---

1. F. Bournois, S. Point, J. Rojot, J.-L. Scaringella, *RH : Les Meilleures Pratiques du CAC 40/SBF 120*, Eyrolles, 2007.

relations sociales. En fonction du niveau d'externalisation de certaines fonctions, ce taux est à réviser à la baisse. En 2006, le service paie représentait 26,7 % des effectifs de la fonction RH selon l'observatoire Cegos.

L'environnement matériel est constitué des outils de travail disponibles (espace occupé par les bureaux ; téléphones, électricité ; fournitures ; photocopies, etc.) sur le lieu de travail et des services liés à l'utilisation des infrastructures immobilières communes au sein d'un immeuble d'une société (standard, accueil, sécurité, etc.).

Les services recouvrent l'ensemble des prestations achetées par les fonctions RH pour la bonne réalisation de leur mission. Dans le cadre d'une campagne de recrutement, ce poste couvrira les achats d'espace publicitaire, les locations de salles et/ou les chasses pour lesquelles des cabinets spécialisés sont missionnés, par exemple. Ce poste peut représenter jusqu'à 30 % du budget RH.

Le système informatique est devenu un poste de coût significatif, notamment avec le développement des systèmes d'information, des outils métier dédiés (système de gestion de CV, etc.) et la mise sous intranet de la plupart des outils des ressources humaines ou tout au mois ceux devant être communiqués et mis à disposition des salariés (convention collective, accords d'entreprise, accès à son profil, ses congés, etc.). Ce poste peut représenter de 20 % à 30 % du budget RH en fonction des phases de développement des projets.

77 % des entreprises du SBF 120 disposent d'un système d'information des ressources humaines (SIRH) intégré pour leurs salariés.

Exemple d'enquête de dimensionnement

Pour bien appréhender tous ces éléments de volumétries liées à l'activité et aux ressources de la fonction RH, nous vous proposons l'enquête de dimensionnement suivante. La grille est un exemple d'enquête de dimensionnement d'une fonction RH avec l'objectif d'obtenir quelques indicateurs et valeurs chiffrées pour apprécier ce qui se fait et avec quels moyens.

Enquête de dimensionnement des ressources humaines
Entreprise dans le secteur du BTP

Identification de votre entreprise	Nombre de personnes : Chiffre d'affaires :
Qualification des profils salariés	Nombre de CDD : Nombre de CDI : Nombre autres contrats : Ancienneté : Turnover : Nombre d'heures travaillées : Masse salariale de l'entreprise :
Structuration du département RH	Le nombre de personnes dans le département RH : Le nombre de personnes en pilotage RH : Le nombre de personnes en gestion des carrières : Le nombre de personnes en gestion administrative : Le nombre de personnes en gestion des relations sociales RH : Le nombre de personnes en développement RH :
Coûts du service RH	Le budget du service RH : Coût interne : Dépenses de sous-traitance : Dépenses de consultance :
Les projets RH	Le nombre de projets en cours : Budget des projets sur un an : Budget le plus élevé :

Le questionnaire des variables structurelles de la fonction RH

Ce questionnaire reprend les quatre variables structurelles développées dans la partie précédente. Pour chaque variable, entre cinq et sept questions sont posées pour apprécier si les ressources structurelles sont adaptées à l'activité réelle et déterminer un taux de performance structurel.

À chacune des questions est attribué un nombre de points (4 pour « oui, tout à fait », 3 pour « oui, en partie », 2 pour « non » et 1 pour « non, et c'est très dommageable ») permettant d'obtenir une moyenne pour chacune des parties et en global.

Ce questionnaire peut être adressé aux collaborateurs de la fonction ressources humaines d'un point de vue global et/ou être décliné en fonction de l'organisation retenue au sein de l'entreprise par composante de la fonction ressources humaines (déclinaison du questionnaire dédié à la direction des relations sociales, à la direction administrative du personnel, par exemple). Les réponses permettront d'élaborer un bilan de la perception par les acteurs de la fonction RH de leur rôle et de leur contribution au sein de l'entreprise.

Ce questionnaire peut enfin être utilisé pour interroger les clients internes, voire externes si cela se justifie, afin de dresser un diagnostic de la valeur ajoutée perçue de la fonction.

Positionnement de la fonction RH

1.1. Le positionnement de la fonction ressources humaines vous paraît-il explicite ?	☐ Oui, tout à fait ☐ Oui, en partie ☐ Non ☐ Non, et c'est très dommageable
1.2. Le positionnement de la fonction ressources humaines vous paraît-il le meilleur pour réaliser les activités dont elle a la charge ?	☐ Oui, tout à fait ☐ Oui, en partie ☐ Non ☐ Non, et c'est très dommageable
1.3. Le positionnement de la fonction ressources humaines lui permet-elle de bien dialoguer avec les autres services de l'entreprise ?	☐ Oui, tout à fait ☐ Oui, en partie ☐ Non ☐ Non, et c'est très dommageable
1.4. Le positionnement de la fonction ressources humaines est-il en correspondance avec la culture de l'entreprise ?	☐ Oui, tout à fait ☐ Oui, en partie ☐ Non ☐ Non, et c'est très dommageable

Positionnement de la fonction RH

1.5. Le positionnement de la fonction ressources humaines permet-il l'obtention des informations facilement ?	☐ Oui, tout à fait ☐ Oui, en partie ☐ Non ☐ Non, et c'est très dommageable

Moyenne du positionnement

Fonctionnement de la fonction RH

2.1. La répartition des tâches et des activités est-elle suffisamment explicite ?	☐ Oui, tout à fait ☐ Oui, en partie ☐ Non ☐ Non, et c'est très dommageable
2.2. Le mode de coordination est-il en adéquation avec vos attentes et aspirations ?	☐ Oui, tout à fait ☐ Oui, en partie ☐ Non ☐ Non, et c'est très dommageable
2.3. L'implication de la fonction ressources humaines au sein des projets vous semble-t-elle adéquate ?	☐ Oui, tout à fait ☐ Oui, en partie ☐ Non ☐ Non, et c'est très dommageable
2.4. La fonction ressources humaines dispose-t-elle de fiches de poste formalisées ?	☐ Oui, tout à fait ☐ Oui, en partie ☐ Non ☐ Non, et c'est très dommageable
2.5. Les processus de la fonction ressources humaines sont-ils explicites et communiqués ?	☐ Oui, tout à fait ☐ Oui, en partie ☐ Non ☐ Non, et c'est très dommageable

Moyenne du fonctionnement

Enjeux des ressources humaines

3.1. La stratégie RH est-elle en accord avec la stratégie de l'entreprise ?	☐ Oui, tout à fait ☐ Oui, en partie ☐ Non ☐ Non, et c'est très dommageable

Enjeux des ressources humaines

3.2. Les projets RH reflètent-ils les attentes actuelles des salariés ?	☐ Oui, tout à fait ☐ Oui, en partie ☐ Non ☐ Non, et c'est très dommageable
3.3. Les projets RH sont-ils compréhensibles et cohérents pour les salariés ? Les donneurs d'ordre ?	☐ Oui, tout à fait ☐ Oui, en partie ☐ Non ☐ Non, et c'est très dommageable
3.4. La fonction RH est-elle en mesure de définir ses éléments de performance ?	☐ Oui, tout à fait ☐ Oui, en partie ☐ Non ☐ Non, et c'est très dommageable
3.5. La fonction RH sait-elle prendre en compte et s'adapter aux critiques du terrain ?	☐ Oui, tout à fait ☐ Oui, en partie ☐ Non ☐ Non, et c'est très dommageable
3.6. La fonction RH sait-elle s'adapter dans ses méthodes et son approche aux évolutions RH conjoncturelles ?	☐ Oui, tout à fait ☐ Oui, en partie ☐ Non ☐ Non, et c'est très dommageable
Moyenne des enjeux	

Ressources de la fonction RH

4.1. Le nombre y de collaborateurs au sein de la fonction ressources humaines est-il adapté aux besoins ?	☐ Exactement ou à 10 % ☐ À 20 % ☐ À 50 % ☐ Au-delà de 100 %
4.2. L'effectif de la fonction RH est-il dans la norme ?	☐ Exactement ou à 10 % ☐ À 20 % ☐ À 50 % ☐ Au-delà de 100 %
4.3. Le coût global de la fonction RH est-il dans la norme ?	☐ Exactement ou à 10 % ☐ À 20 % ☐ À 50 % ☐ Au-delà de 100 %

Ressources de la fonction RH

4.4. La masse salariale de la fonction RH par rapport à la masse salariale de l'entreprise est-elle dans la norme ?	☐ Exactement ou à 10 % ☐ À 20 % ☐ À 50 % ☐ Au-delà de 100 %
4.5. Les coûts de sous-traitance de la fonction RH sont-ils dans la norme ?	☐ Exactement ou à 10 % ☐ À 20 % ☐ À 50 % ☐ Au-delà de 100 %
4.6. Le coût de l'informatique de la fonction ressources humaines est-il dans la norme ?	☐ Exactement ou à 10 % ☐ À 20 % ☐ À 50 % ☐ Au-delà de 100 %
4.7. L'évolution des effectifs de la fonction RH se fait-elle selon les évolutions générales constatées ?	☐ Exactement ou à 10 % ☐ À 20 % ☐ À 50 % ☐ Au-delà de 100 %
Moyenne des ressources	

Attribution des points : 4 pour « Exactement ou à 10 % », 3 pour « À 20 % », 2 pour « À 50 % » et 1 pour « Au-delà de 100 % »

Le taux de support structurel comme évaluation des ressources

Les résultats obtenus aux questions précédentes permettent l'obtention d'un taux de support structurel pour le positionnement, le fonctionnement, les enjeux, les ressources et en global, comme le montrent les tableaux et les graphiques suivants.

Taux de support structurel

Taux de support structurel	Nombre de points	Taux
Positionnement	16	80 %
Fonctionnement	6	30 %
Enjeux	6	25 %
Ressources	12	60 %
Taux de support structurel global	40	49 %

Figure 23 : Représentation graphique du taux de support structurel

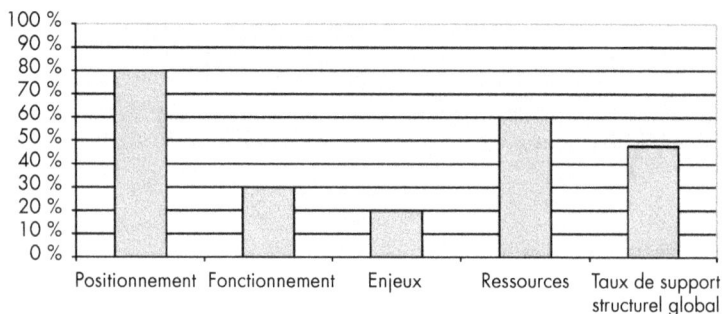

Il est possible de calculer ce taux de support structurel en donnant une pondération plus importante à la partie que vous jugerez la plus structurante en fonction de votre problématique, des réflexions et projets en cours. Le taux de support structurel permet de dresser une évaluation de la fonction sur une échelle barométrique comme le montre la figure suivante.

Figure 24 : Baromètre du taux de support structurel

Taux de support structurel

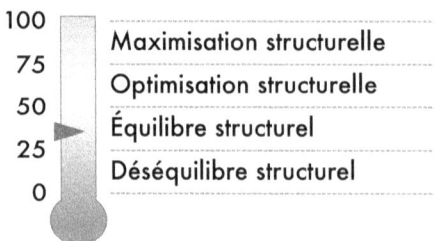

La maximisation structurelle est atteinte lorsque le taux est supérieur à 75 %. Cela illustre une situation où la fonction ressources humaines bénéficie d'un effectif satisfaisant et de conditions de travail et de fonctionnement favorisant l'initiative et l'implication. C'est la situation idéale vers laquelle doit tendre toute fonction ressources humaines mais également la meilleure disposition pour que cette dernière réalise ses prestations et réponde au mieux aux attentes du reste de l'entreprise.

L'optimisation structurelle, dont le taux est compris entre 75 et 50 %, démontre que les différentes variables qualifiées sont jugées acceptables et correspondantes à l'activité avec des remarques du type : « Ça va, mais on pourrait faire mieux. » Cela peut se traduire par des surcharges de travail temporaires et des fonctionnements ne permettant pas toujours de répondre au mieux aux attentes de l'entreprise.

L'équilibre structurel, avec un taux compris entre 50 et 25 %, fait mention d'une situation où il y a un risque dû à la tension existante tant sur les ressources que sur le fonctionnement, « ça passe mais juste ». Les ressources sont jugées insuffisantes pour couvrir le périmètre opérationnel de la fonction. Cela se traduit dans les faits par la sélection et la repriorisation de prestations qui sont jugées plus importantes (souvent dans une vision à court terme) pour la gestion de l'entreprise au détriment d'activités moins urgentes mais parfois tout aussi importantes sinon plus.

Le déséquilibre structurel, avec un taux inférieur à 25 %, illustre une situation qu'il est nécessaire de remettre à plat car la fonction ressources humaines ne peut pas réaliser sa mission dans des conditions acceptables et ne saura pas apporter les réponses tant quantitatives que qualitatives requises.

Synthèse

Pour évaluer efficacement les ressources de la fonction ressources humaines, il est nécessaire de définir un référentiel structurel de la fonction. Il s'agit de définir l'organisation de la fonction, formaliser les processus et les postes, et définir les ressources. Le questionnaire d'évaluation des ressources est alors présenté en quatre parties : le positionnement, le fonctionnement, les enjeux et les ressources de la fonction RH. La combinaison des résultats de l'ensemble de ces variables compose le taux de support structurel. Il caractérise la performance des ressources de la fonction ressources humaines.

Chapitre 6

L'évaluation de la satisfaction clients de la fonction ressources humaines

- Le référentiel clients de la fonction RH
- Les questionnaires d'évaluation de la satisfaction clients de la fonction RH
- Le taux de satisfaction clients de la fonction RH

La fonction ressources humaines est par essence une fonction support qui doit adopter une logique de fournisseur de prestations pour ses clients internes, que forment l'ensemble des autres directions, les partenaires sociaux, les salariés, et pour ses clients externes (marché du travail, administrations, etc.). La fonction ressources humaines se doit d'être en veille et à l'écoute permanente de ses clients pour pouvoir être réactive, adapter et faire évoluer ses prestations et ses relations avec ces mêmes clients.

Dans ce chapitre, nous proposons d'établir un questionnaire d'appréciation de la fonction ressources humaines par ses clients internes. Nous obtenons ainsi des baromètres de satisfaction clients pour chaque catégorie de clients, ou bien en global constituant ainsi le quatrième et dernier pôle du MEF.

Le référentiel clients de la fonction RH

Qui sont les clients de la fonction ressources humaines ? Pour qui travaillent les collaborateurs de cette fonction ? Nous avons recensé ci-dessous, présentés sans ordre signifiant, les principaux interlocuteurs de la fonction ressources humaines :

- la direction générale ;
- la ligne managériale ;
- les salariés ;
- les partenaires sociaux ;
- les partenaires externes de l'entreprise.

La direction générale

C'est l'un des principaux clients de la fonction ressources humaines. La direction générale donne, en effet, les orientations principales en termes de valeurs à transmettre, notamment à travers la politique de ressources humaines. C'est aussi la direction générale qui donne la voie stratégique de l'entreprise, que la fonction ressources humaines doit décliner et traduire à travers ses projets et actions. Un dialogue permanent entre la fonction ressources humaines et la direction générale s'établit : pour fournir l'image la plus précise des compétences disponibles et à développer ; pour connaître et rencontrer les futurs cadres dirigeants et à potentiel ; pour assurer la pérennité managériale de la société ; pour aborder les problématiques de salaires et de rémunérations au sens large (plan de stock-options, plan large d'actions gratuites, modalités d'affectation des primes et bonus, etc.) ; pour valider les axes de recrutement ; pour bâtir et participer au dialogue social, etc.

La ligne hiérarchique

Elle correspond à l'ensemble de l'encadrement de l'entreprise et plus particulièrement aux managers opérationnels. En fonction de la profondeur de la ligne hiérarchique dans les entreprises, cette population sera plus ou moins importante. Depuis plusieurs années, la fonction ressources humaines dédie un rôle croissant à ces acteurs. Deux rôles peuvent être confiés à ces managers.

Les managers, acteurs de la fonction RH comme témoins de la réalité du quotidien des métiers de l'entreprise

Les managers peuvent être amenés à participer lors de trois temps forts à la mise en œuvre d'un projet ou d'une action RH :

▶ en amont d'un projet, ils participent à la réflexion dans le cadre de groupes de travail et apportent leur connaissance et leur vision opérationnelle d'un sujet ;

▶ à des moments clés de la construction du projet ils peuvent être sollicités pour valider les axes retenus ;

▶ enfin, au lancement d'une action ou projet, ils sont parties prenantes pour ajuster le « livrable[1] » final. Ce ne sont pas nécessairement les mêmes personnes qui sont sollicitées à chacune de ces étapes, mais toutes doivent être représentatives de la population ciblée par l'action RH : les différents métiers, les zones géographiques, les classes d'âge, etc.

Les managers, acteurs RH comme relais sur le terrain de l'application opérationnelle des ressources humaines

Les managers sont les collaborateurs qui ont la meilleure connaissance et la meilleure vision des connaissances et des compétences de leurs collaborateurs de par leur proximité. Le transfert des valeurs et des politiques de ressources humaines passent par le partage et l'appropriation par ces interlocuteurs de la vision, des messages, des processus et des outils clés élaborés par la direction des ressources humaines.

---

1. Livrable : néologisme qui vient de l'anglais *to deliver* pour signifier « une production livrée ».

Les salariés

Ils constituent l'effectif d'une entreprise. Quels que soient leur statut, la typologie de leur contrat de travail, leur âge, leur sexe, leur ancienneté, etc., les salariés formulent tous des attentes à l'égard de leur entreprise et sont vigilants quant à la déclinaison en termes de ressources humaines de la politique de leur entreprise. De la forme du contrat de travail au salaire, en passant par les perspectives de carrière, les types de formations et donc le développement de l'employabilité possible au sein d'une entité, chacun, en tant que salarié, est client des ressources humaines. La partie la plus quantitative d'un des « livrables » de la DRH – fournisseur vis-à-vis de ses salariés-clients – est bien entendu la rémunération au sens large qui est distribuée à chaque salarié en rétribution de son investissement et de sa production au sein de l'entreprise. Cependant, il ne faut pas négliger non plus les attentes croissantes de la part des salariés sur des valeurs telles que le rôle social de l'entreprise, sa politique de développement durable, les modalités de reconnaissance et de motivation autres que pécuniaires que l'entreprise et les ressources humaines développent et mettent en place.

Les partenaires sociaux

Les partenaires sociaux sont clients des ressources humaines et de façon privilégiée des équipes en charge des relations sociales. En tant que représentants des salariés, ils attendent une écoute attentive de la part des RH et veillent à ce que la liberté de parole soit respectée, que leurs messages soient écoutés, pris en compte dans les réflexions de la direction. La DRH se doit d'appliquer les textes légaux qui régissent son action, ainsi que les conventions collectives qui encadrent un secteur d'activité. Une déclinaison de ces outils législatifs peut faire l'objet d'un accord d'entreprise dans lequel les partenaires sociaux sont amenés à jouer un rôle à part entière. En comité central d'entreprise (CCE), la DRH et des représentants de la direction peuvent être amenés à intervenir pour informer, communiquer et échanger sur les axes stratégiques de l'entreprise.

Les clients externes

Ce sont tous les partenaires de l'entreprise qui sollicitent les ressources humaines dans le cadre de leurs relations avec cette dernière. Cela peut concerner des prestataires qui désirent obtenir des éléments métier pour concevoir une action de formation ou préparer une enquête sociale. Les clients peuvent être des banques pour préparer la mise en œuvre d'actions gratuites. Les services fiscaux et sociaux peuvent également être des interlocuteurs en cas de contrôle pour l'explication de certains chiffrages et dans le cadre des déclarations réglementaires (24.83 pour la formation Urssaf, etc.).

Indirectement **les actionnaires** des sociétés peuvent être considérés comme des clients externes de la fonction RH. L'annonce de plans sociaux ou inversement l'annonce positive de perspectives d'embauche significatives peuvent avoir des répercussions immédiates et significatives sur les variations du cours de Bourse.

Ces cinq types de clients ne représentent pas la même charge de travail de la fonction ressources humaines selon la taille de l'entreprise (PME *versus* multinationale), de ses problématiques structurelles (forme de la pyramide des âges, par exemple), de son contexte social (niveau de syndicalisation des salariés et rôle historique des syndicats au sein de l'entreprise, etc.) et de son mode de coordination et d'organisation des ressources humaines, comme nous l'avons évoqué au chapitre 5.

La fonction ressources humaines délivre des prestations à l'attention de ses clients. Le panel des prestations est fonction des 80 activités qui composent la fonction RH. Chacune de ces activités fait, en effet, l'objet de la production d'un ou de plusieurs livrables, reportings ou analyses. Le niveau de détail ou la concaténation des informations délivrées est fonction du niveau d'exigence des clients.

La mise en relation des clients et des prestations produit une matrice qui représente les couples prestations/clients et nous permet ensuite d'administrer un questionnaire par catégorie de clients. Les prestations ont été formalisées à partir du référentiel d'activités présenté au chapitre 3. Chaque activité de la fonction des ressources humaines est ainsi analysée, mise en lumière selon un angle différent en fonction du lien relationnel entre la fonction RH et ses clients. Quels que soient les clients, des prestations représentatives de chacune des activités RH sont attendues. Enfin, si le libellé de la prestation peut être commun au sein d'une certaine catégorie de clients, la présentation finale et le niveau de détail requis pourra légèrement différer.

Les prestations à destination de la direction générale

Groupes de clients	Prestations
Directeur	- Plan de recrutement - Plan marketing et de communication - Positionnement vis-à-vis des enjeux sociétaux - Stratégie de formation - Suivi de la masse salariale - Projets informatiques d'optimisation - Tableau de bord des compétences - Bilan social - Études et simulations - Audit social - Plan de gestion des futurs cadres à potentiel - Politique de rémunération
Directeurs de ligne métier	- Plan de recrutement - Politique de communication de recrutement - Processus de recrutement - Plan de formation - Parcours de formation - Outils informatiques de reporting RH - Politique de rémunération - Outils de rémunération variable - Tableau de bord des compétences - Études *ad hoc* - Audit social - Plan de gestion des futurs cadres à potentiel - Plan de gestion de la mobilité - Accompagnement du changement
Comité de direction	- Bilan de GPEC - Stratégie marketing RH - Orientations de formation - Politique de rémunération - Bilan social - Études et simulations - Audit social - Projets de changement - Plan de gestion des futurs cadres à potentiel

Les prestations à destination de la ligne hiérarchique

Groupes de clients	Prestations
Manager d'entités	- Plan de recrutement - Processus et outils de recrutement - Politique de communication de recrutement - Communication du plan de formation - Suivi du plan de formation - Parcours de formation - Logistique et coûts de formation - Composantes de la rémunération - Suivi des données comptables - Outils d'évaluation - Suivi des évaluations - Procédures d'évaluation - Études *ad hoc* - Politique de mobilité - Outils informatiques RH - Appui juridique - Groupes de travail sur projets de changement - Politique de responsabilité sociétale
Manager de terrain	- Plan de recrutement - Processus et outils de recrutement - Politique de communication de recrutement - Suivi du plan de formation - Logistique de formation - Composantes du variable individuel et collectif - Suivi des données comptables - Procédures et outils d'évaluation - Synthèse des évaluations - Politique de mobilité - Outils informatiques RH - Appui juridique - Groupes de travail sur projets de changement

Les prestations à destination des salariés

Groupes de clients	Prestations
Salariés	- Processus et outils de recrutement - Processus d'accueil et d'intégration - Parcours de formation - Logistique de formation - Évaluation de la formation - Contrats de travail - Paie et supports de rémunération variables - Procédures administratives - Affichage réglementaire - Outils d'évaluation - Procédures d'évaluation - Politique de mobilité - Plan d'épargne et d'actionnariat salarié - Outils informatiques RH - Conditions de travail - Dialogue social - Positionnement vis-à-vis des enjeux sociétaux

Les prestations à destination des partenaires sociaux

Groupes de clients	Prestations
Partenaires sociaux	- Plan de recrutement en conformité avec les obligations légales - Processus et outils de recrutement - Processus d'accueil et d'intégration - Orientations formation - Suivi du plan de formation et documents légaux - Livraison des documents légaux sur la rémunération - Affichage réglementaire - Conditions de travail, sécurité - Politique de mobilité - Politique de rémunération

Les prestations à destination des clients externes

Groupes de clients	Prestations
Clients externes	- Plan de recrutement - Documents fiscaux et réglementaires - Positionnement vis-à-vis des enjeux sociétaux - Contrats et factures

Les questionnaires d'évaluation de la satisfaction clients de la fonction RH

Le référentiel des couples produits/clients constitue la base de notre questionnaire d'évaluation de la satisfaction clients. Il est adressé aux différents clients qui doivent donner une évaluation en sélectionnant une des quatre réponses proposées : « Très satisfait », « Satisfait », « Peu satisfait », « Non satisfait ».

Les réponses aux différentes questions nous permettront de déterminer un taux en donnant une valeur qualitative à chacune d'elles : 4 pour « Très satisfait », 3 pour « Satisfait », 2 pour « Peu satisfait », et 1 pour « Non satisfait ». Le nombre de questions multiplié par 4, la note maximale, sera divisé par le nombre de points obtenus par la somme des points correspondant aux réponses. Le tout exprimé en pourcentages donnera le taux de satisfaction.

Satisfaction de la direction	
Plan de recrutement	☐ Très satisfait ☐ Satisfait ☐ Peu satisfait ☐ Non satisfait
Plan marketing et de communication RH	☐ Très satisfait ☐ Satisfait ☐ Peu satisfait ☐ Non satisfait
Positionnement vis-à-vis des enjeux sociétaux	☐ Très satisfait ☐ Satisfait ☐ Peu satisfait ☐ Non satisfait
Stratégie de formation	☐ Très satisfait ☐ Satisfait ☐ Peu satisfait ☐ Non satisfait
Suivi de la masse salariale	☐ Très satisfait ☐ Satisfait ☐ Peu satisfait ☐ Non satisfait
Projets informatiques d'optimisation	☐ Très satisfait ☐ Satisfait ☐ Peu satisfait ☐ Non satisfait
Tableau de bord des compétences	☐ Très satisfait ☐ Satisfait ☐ Peu satisfait ☐ Non satisfait
Bilan social	☐ Très satisfait ☐ Satisfait ☐ Peu satisfait ☐ Non satisfait

Satisfaction de la direction	
Études et simulations	☐ Très satisfait ☐ Satisfait ☐ Peu satisfait ☐ Non satisfait
Audit social	☐ Très satisfait ☐ Satisfait ☐ Peu satisfait ☐ Non satisfait
Plan de gestion des futurs cadres à potentiel	☐ Très satisfait ☐ Satisfait ☐ Peu satisfait ☐ Non satisfait
Politique de rémunération	☐ Très satisfait ☐ Satisfait ☐ Peu satisfait ☐ Non satisfait
Taux de satisfaction de la direction	

Satisfaction des directeurs de ligne métier	
Plan de recrutement	☐ Très satisfait ☐ Satisfait ☐ Peu satisfait ☐ Non satisfait
Processus de recrutement	☐ Très satisfait ☐ Satisfait ☐ Peu satisfait ☐ Non satisfait
Politique de communication de recrutement	☐ Très satisfait ☐ Satisfait ☐ Peu satisfait ☐ Non satisfait
Plan de formation	☐ Très satisfait ☐ Satisfait ☐ Peu satisfait ☐ Non satisfait
Parcours de formation	☐ Très satisfait ☐ Satisfait ☐ Peu satisfait ☐ Non satisfait
Outils informatiques de reporting RH	☐ Très satisfait ☐ Satisfait ☐ Peu satisfait ☐ Non satisfait
Politique de rémunération	☐ Très satisfait ☐ Satisfait ☐ Peu satisfait ☐ Non satisfait
Outils de rémunération variable	☐ Très satisfait ☐ Satisfait ☐ Peu satisfait ☐ Non satisfait
Tableau de bord des compétences	☐ Très satisfait ☐ Satisfait ☐ Peu satisfait ☐ Non satisfait
Études *ad hoc*	☐ Très satisfait ☐ Satisfait ☐ Peu satisfait ☐ Non satisfait
Audit social	☐ Très satisfait ☐ Satisfait ☐ Peu satisfait ☐ Non satisfait

Satisfaction des directeurs de ligne métier	
Plan de gestion des futurs cadres à potentiel	☐ Très satisfait ☐ Satisfait ☐ Peu satisfait ☐ Non satisfait
Plan de gestion de la mobilité	☐ Très satisfait ☐ Satisfait ☐ Peu satisfait ☐ Non satisfait
Accompagnement du changement	☐ Très satisfait ☐ Satisfait ☐ Peu satisfait ☐ Non satisfait
Taux de satisfaction des directeurs de ligne métier	

Satisfaction du comité de direction	
Bilan de GPEC	☐ Très satisfait ☐ Satisfait ☐ Peu satisfait ☐ Non satisfait
Stratégie marketing RH	☐ Très satisfait ☐ Satisfait ☐ Peu satisfait ☐ Non satisfait
Orientations de formation	☐ Très satisfait ☐ Satisfait ☐ Peu satisfait ☐ Non satisfait
Politique de rémunération	☐ Très satisfait ☐ Satisfait ☐ Peu satisfait ☐ Non satisfait
Bilan social	☐ Très satisfait ☐ Satisfait ☐ Peu satisfait ☐ Non satisfait
Études et simulations	☐ Très satisfait ☐ Satisfait ☐ Peu satisfait ☐ Non satisfait
Audit social	☐ Très satisfait ☐ Satisfait ☐ Peu satisfait ☐ Non satisfait
Projets de changement	☐ Très satisfait ☐ Satisfait ☐ Peu satisfait ☐ Non satisfait
Plan de gestion des futurs cadres à potentiel	☐ Très satisfait ☐ Satisfait ☐ Peu satisfait ☐ Non satisfait
Taux de satisfaction du comité de direction	

Satisfaction des managers d'entités	
Plan de recrutement	☐ Très satisfait ☐ Satisfait ☐ Peu satisfait ☐ Non satisfait
Processus et outils de recrutement	☐ Très satisfait ☐ Satisfait ☐ Peu satisfait ☐ Non satisfait
Politique de communication de recrutement	☐ Très satisfait ☐ Satisfait ☐ Peu satisfait ☐ Non satisfait
Communication du plan de formation	☐ Très satisfait ☐ Satisfait ☐ Peu satisfait ☐ Non satisfait
Suivi du plan de formation	☐ Très satisfait ☐ Satisfait ☐ Peu satisfait ☐ Non satisfait
Parcours de formation	☐ Très satisfait ☐ Satisfait ☐ Peu satisfait ☐ Non satisfait
Logistique et coûts de formation	☐ Très satisfait ☐ Satisfait ☐ Peu satisfait ☐ Non satisfait
Composantes de la rémunération	☐ Très satisfait ☐ Satisfait ☐ Peu satisfait ☐ Non satisfait
Suivi des données comptables	☐ Très satisfait ☐ Satisfait ☐ Peu satisfait ☐ Non satisfait
Outils d'évaluation	☐ Très satisfait ☐ Satisfait ☐ Peu satisfait ☐ Non satisfait
Suivi des évaluations	☐ Très satisfait ☐ Satisfait ☐ Peu satisfait ☐ Non satisfait
Procédures d'évaluation	☐ Très satisfait ☐ Satisfait ☐ Peu satisfait ☐ Non satisfait
Études *ad hoc*	☐ Très satisfait ☐ Satisfait ☐ Peu satisfait ☐ Non satisfait
Politique de mobilité	☐ Très satisfait ☐ Satisfait ☐ Peu satisfait ☐ Non satisfait
Outils informatiques RH	☐ Très satisfait ☐ Satisfait ☐ Peu satisfait ☐ Non satisfait
Appui juridique	☐ Très satisfait ☐ Satisfait ☐ Peu satisfait ☐ Non satisfait
Groupes de travail sur des projets de changement	☐ Très satisfait ☐ Satisfait ☐ Peu satisfait ☐ Non satisfait

Satisfaction des managers d'entités	
Politique de responsabilité sociétale	☐ Très satisfait ☐ Satisfait ☐ Peu satisfait ☐ Non satisfait
Taux de satisfaction des managers d'entités	

Satisfaction des managers de terrain	
Plan de recrutement	☐ Très satisfait ☐ Satisfait ☐ Peu satisfait ☐ Non satisfait
Processus et outils de recrutement	☐ Très satisfait ☐ Satisfait ☐ Peu satisfait ☐ Non satisfait
Politique de communication de recrutement	☐ Très satisfait ☐ Satisfait ☐ Peu satisfait ☐ Non satisfait
Suivi du plan de formation	☐ Très satisfait ☐ Satisfait ☐ Peu satisfait ☐ Non satisfait
Logistique de formation	☐ Très satisfait ☐ Satisfait ☐ Peu satisfait ☐ Non satisfait
Composantes du variable individuel et collectif	☐ Très satisfait ☐ Satisfait ☐ Peu satisfait ☐ Non satisfait
Suivi des données comptables	☐ Très satisfait ☐ Satisfait ☐ Peu satisfait ☐ Non satisfait
Procédures et outils d'évaluation	☐ Très satisfait ☐ Satisfait ☐ Peu satisfait ☐ Non satisfait
Synthèse des évaluations	☐ Très satisfait ☐ Satisfait ☐ Peu satisfait ☐ Non satisfait
Politique de mobilité	☐ Très satisfait ☐ Satisfait ☐ Peu satisfait ☐ Non satisfait
Outils informatiques RH	☐ Très satisfait ☐ Satisfait ☐ Peu satisfait ☐ Non satisfait
Appui juridique	☐ Très satisfait ☐ Satisfait ☐ Peu satisfait ☐ Non satisfait
Informations/Participation aux projets de changement	☐ Très satisfait ☐ Satisfait ☐ Peu satisfait ☐ Non satisfait
Taux de satisfaction des managers de terrain	
Taux de satisfaction du management	

Satisfaction des salariés	
Processus et outils de recrutement	☐ Très satisfait ☐ Satisfait ☐ Peu satisfait ☐ Non satisfait
Processus d'accueil et d'intégration	☐ Très satisfait ☐ Satisfait ☐ Peu satisfait ☐ Non satisfait
Parcours de formation	☐ Très satisfait ☐ Satisfait ☐ Peu satisfait ☐ Non satisfait
Logistique de formation	☐ Très satisfait ☐ Satisfait ☐ Peu satisfait ☐ Non satisfait
Évaluation de la formation	☐ Très satisfait ☐ Satisfait ☐ Peu satisfait ☐ Non satisfait
Contrats de travail	☐ Très satisfait ☐ Satisfait ☐ Peu satisfait ☐ Non satisfait
Paie et supports de rémunération variables	☐ Très satisfait ☐ Satisfait ☐ Peu satisfait ☐ Non satisfait
Procédures administratives	☐ Très satisfait ☐ Satisfait ☐ Peu satisfait ☐ Non satisfait
Affichage réglementaire	☐ Très satisfait ☐ Satisfait ☐ Peu satisfait ☐ Non satisfait
Outils d'évaluation	☐ Très satisfait ☐ Satisfait ☐ Peu satisfait ☐ Non satisfait
Procédures d'évaluation	☐ Très satisfait ☐ Satisfait ☐ Peu satisfait ☐ Non satisfait
Politique de mobilité	☐ Très satisfait ☐ Satisfait ☐ Peu satisfait ☐ Non satisfait
Plan d'épargne et d'actionnariat salarié	☐ Très satisfait ☐ Satisfait ☐ Peu satisfait ☐ Non satisfait
Outils informatiques RH	☐ Très satisfait ☐ Satisfait ☐ Peu satisfait ☐ Non satisfait
Conditions de travail	☐ Très satisfait ☐ Satisfait ☐ Peu satisfait ☐ Non satisfait
Dialogue social	☐ Très satisfait ☐ Satisfait ☐ Peu satisfait ☐ Non satisfait

Satisfaction des salariés	
Positionnement vis-à-vis des enjeux sociétaux	☐ Très satisfait ☐ Satisfait ☐ Peu satisfait ☐ Non satisfait
Taux de satisfaction des salariés	

Satisfaction des partenaires sociaux	
Plan de recrutement en conformité avec les obligations légales	☐ Très satisfait ☐ Satisfait ☐ Peu satisfait ☐ Non satisfait
Processus et outils de recrutement	☐ Très satisfait ☐ Satisfait ☐ Peu satisfait ☐ Non satisfait
Processus d'accueil et d'intégration	☐ Très satisfait ☐ Satisfait ☐ Peu satisfait ☐ Non satisfait
Orientations formation	☐ Très satisfait ☐ Satisfait ☐ Peu satisfait ☐ Non satisfait
Suivi du plan de formation et documents légaux	☐ Très satisfait ☐ Satisfait ☐ Peu satisfait ☐ Non satisfait
Livraison des documents légaux sur la rémunération	☐ Très satisfait ☐ Satisfait ☐ Peu satisfait ☐ Non satisfait
Affichage réglementaire	☐ Très satisfait ☐ Satisfait ☐ Peu satisfait ☐ Non satisfait
Conditions de travail, sécurité	☐ Très satisfait ☐ Satisfait ☐ Peu satisfait ☐ Non satisfait
Politique de mobilité	☐ Très satisfait ☐ Satisfait ☐ Peu satisfait ☐ Non satisfait
Politique de rémunération	☐ Très satisfait ☐ Satisfait ☐ Peu satisfait ☐ Non satisfait
Taux de satisfaction des partenaires sociaux	

Satisfaction des clients externes	
Plan de recrutement	☐ Très satisfait ☐ Satisfait ☐ Peu satisfait ☐ Non satisfait
Documents fiscaux et réglementaires	☐ Très satisfait ☐ Satisfait ☐ Peu satisfait ☐ Non satisfait

Satisfaction des clients externes	
Positionnement vis-à-vis des enjeux sociétaux	☐ Très satisfait ☐ Satisfait ☐ Peu satisfait ☐ Non satisfait
Contrats et factures	☐ Très satisfait ☐ Satisfait ☐ Peu satisfait ☐ Non satisfait
Taux de satisfaction des clients externes	

Aux grandes catégories de clients énoncées précédemment, il est possible d'ajouter une liste de questions concernant la qualité de la relation de service que la fonction ressources humaines entretient avec ses clients. Toutes ces rubriques et questions peuvent être traitées de manière égalitaire ou bien avoir des coefficients pour montrer leur importance dans le calcul du taux de satisfaction.

Satisfaction de la relation de service	
Capacité de la fonction ressources humaines à prendre en compte les besoins spécifiques	☐ Très satisfait ☐ Satisfait ☐ Peu satisfait ☐ Non satisfait
Capacité de la fonction ressources humaines à expliquer les différentes productions qu'elle réalise	☐ Très satisfait ☐ Satisfait ☐ Peu satisfait ☐ Non satisfait
Capacité de la fonction ressources humaines à être une aide pour effectuer des diagnostics et à la prise de décisions	☐ Très satisfait ☐ Satisfait ☐ Peu satisfait ☐ Non satisfait
Capacité de la fonction ressources humaines à mettre à disposition les ressources nécessaires au plan d'actions	☐ Très satisfait ☐ Satisfait ☐ Peu satisfait ☐ Non satisfait
Capacité de la fonction ressources humaines à être accessible facilement	☐ Très satisfait ☐ Satisfait ☐ Peu satisfait ☐ Non satisfait
Taux de satisfaction de la relation de service	
TAUX DE SATISFACTION GLOBAL	

Le taux de satisfaction clients de la fonction RH

Les réponses aux questions précédentes permettent l'obtention des résultats suivants sous la forme de taux de satisfaction en global et à différents niveaux pour simultanément établir une évaluation et un diagnostic pouvant ouvrir sur un plan d'actions.

Taux de satisfaction

Clients	Taux de satisfaction
Directeur	65 %
Directeurs de ligne métier	60 %
Comité de direction	45 %
Direction générale	*57 %*
Manager d'entités	47 %
Manager de terrain	33 %
Management	*40 %*
Salariés	62 %
Partenaires sociaux	25 %
Clients externes	*43 %*
Qualité de service	*41 %*
Taux global	*45 %*

Figure 25 : Graphiques des taux de satisfaction

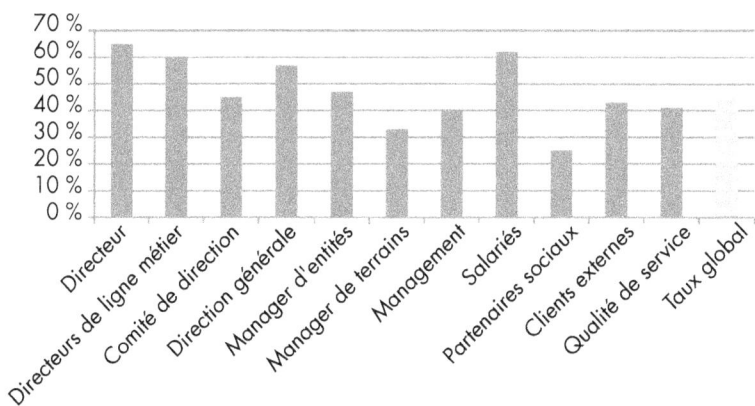

Le tableau et le graphique servent à expliquer le taux de satisfaction clients global et à analyser ce taux par type de client pour identifier les zones de progrès. En fonction de sa valeur, le taux de satisfaction clients illustre quatre configurations types de la fonction ressources humaines, comme l'illustre la figure suivante.

Figure 26 : Baromètre du taux de satisfaction client

Taux de satisfaction

Des ressources humaines qui bénéficient d'**une qualité de service** dénotent une capacité à offrir à leurs clients les prestations les plus adaptées à leurs besoins mais également un sens de l'écoute, de l'explication et de l'exploitation de ces mêmes prestations. Cela illustre une situation où les ressources humaines se mettent en relation « client/fournisseur » et cherchent à comprendre en permanence les besoins des clients pour adapter les prestations et les relations permettant leur réalisation.

L'écoute client représente des ressources humaines qui savent être attentives aux besoins de leurs clients sans être en mesure d'y répondre systématiquement en raison de leurs faiblesses de moyens structurels en volume et/ou en compétences. Les relations entretenues avec les bénéficiaires sont bonnes et sont caractérisées par des rencontres régulières pour recueillir une expression de besoins et pour valider les moyens mis en œuvre pour y répondre et les solutions proposées. La différence par rapport à la situation précédente est une moindre capacité d'adaptation des prestations aux besoins spécifiques exprimés par les managers et les salariés.

L'amélioration client stigmatise un état où les demandes des clients ne sont pas toujours prises en compte. Les prestations ne sont pas toutes jugées pertinentes et les remontées des bénéficiaires dans ce sens ne sont pas systématiquement traitées en tant que telles. La partie relationnelle et d'échange avec les décisionnels, et plus particulièrement les managers, reste très faible. Les ressources humaines réalisent leurs prestations, les adressent aux différents bénéficiaires en privilégiant la direction au détriment des managers.

La rupture client est une situation de crise. Les ressources humaines ne sont plus jugées légitimes pour les bénéficiaires et plus particulièrement pour les managers qui ne les perçoivent plus comme un facilitateur dans l'exercice de leur métier. Les processus et les outils ne sont pas reconnus comme pertinents pour les besoins des bénéficiaires qui ne peuvent pas les utiliser, ou très difficilement, pour leurs besoins. L'aspect relationnel et l'échange avec les bénéficiaires est en général absent, marquant une rupture entre les ressources humaines et leurs clients. Dans une telle situation, il est urgent de revoir les prestations, le positionnement, les compétences et l'organisation de la fonction.

Synthèse

Dans une démarche qualité, plaçant le client et sa satisfaction au centre d'une bonne gestion, l'analyse de la satisfaction nous permet de confronter des prestations et des modes relationnels avec des clients (majoritairement internes) dont les besoins et les attentes doivent être traités au mieux. Le référentiel, le questionnaire et le baromètre de la satisfaction clients sont des outils nous permettant de formaliser ce point pour ensuite l'analyser et bâtir un plan d'actions pour corriger les dysfonctionnements et apporter des solutions.

Chapitre 7

L'évaluation globale de la fonction ressources humaines

- ▦ L'analyse globale de la fonction RH
- ▦ Le baromètre de la performance globale de la fonction RH
- ▦ Les démarches d'amélioration de la fonction RH

Cette partie consiste à fournir l'analyse commune des quatre pôles traités indépendamment dans les quatre chapitres précédents. Les quatre taux analysant le périmètre d'activités, le niveau de compétences, les ressources allouées et la satisfaction des clients sont combinés pour déterminer un taux global de performance fonctionnelle, qui donne une cotation de la fonction avec les critères explicatifs de cette même cotation. Cela permet de positionner la fonction ressources humaines dans une échelle et de lui associer un type dont les caractéristiques seront autant d'éléments d'appréciation de son fonctionnement et de sa progression.

L'analyse globale de la fonction RH

L'administration des questionnaires et l'utilisation des référentiels d'activités, de compétences, de support structurel et de satisfaction clients permettent d'obtenir différentes évaluations, dont l'ensemble peut se résumer par le tableau ci-après. Il peut être réalisé sous Excel ou bien automatiquement par une application informatique qui gère simultanément les différents questionnaires et l'administration des résultats.

Synthèse des évaluations fonctionnelles

Thèmes d'évaluation	Résultat
Pilotage RH	38 %
Gestion des carrières	35 %
Gestion administrative	76 %
Gestion des relations sociales	52 %
Développement RH	45 %
Taux d'activité	*49 %*
Savoirs techniques	40 %
Savoirs comportementaux	45 %
Savoirs métier	20 %
Taux de maîtrise des compétences	*35 %*
Positionnement	80 %
Fonctionnement	30 %
Enjeux	20 %
Ressources	60 %
Taux de support structurel	*48 %*
Direction générale	57 %
Management	25 %
Salariés	35 %
Partenaires sociaux	60 %
Clients externes	37 %
Qualité de service	15 %
Taux de satisfaction clients	*38 %*
TAUX DE PERFORMANCE GLOBAL	42 %

Ces différents chiffres peuvent être présentés sous la forme de graphiques, comme le montrent les figures suivantes pour une meilleure appréciation des différences et des thèmes qui seront le plus à travailler.

Figure 27 : Les branches de l'évaluation fonctionnelle

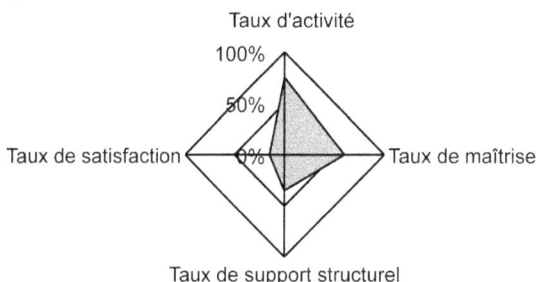

Figure 28 : Histogramme des taux composant le taux de performance global

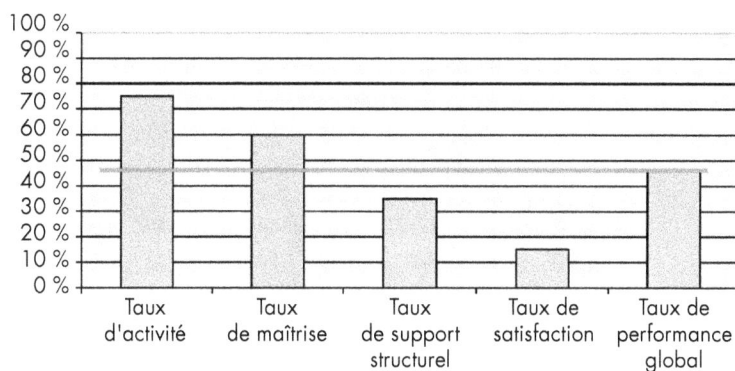

L'analyse de chacun des thèmes a été abordée lors des chapitres précédents. Dans ce chapitre, nous nous focaliserons uniquement sur l'analyse de la performance globale avec un baromètre.

Le baromètre de la performance globale de la fonction RH

Le baromètre en quatre dimensions

Le baromètre global, en tant que moyenne simple ou pondérée (si un poids plus important doit être attribué à l'une des quatre variables) des quatre dimensions, nous donne une évaluation de la performance globale de la fonction ressources humaines par une valeur quantitative comprise entre 0 et 100 et des indications qualitatives permettant de situer le niveau de la fonction analysée.

Figure 29 : Baromètre de la performance de la fonction RH

Taux de performance

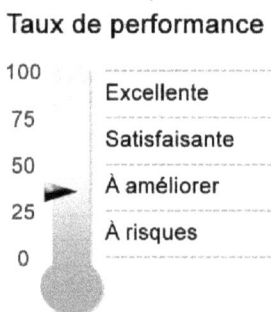

Le baromètre global de performance est un indicateur qui joue le rôle de mise en alerte des principaux responsables de l'entreprise. Les pistes d'action à mettre en œuvre dépendent de la composition du baromètre global. S'il est faible en raison d'une valeur catastrophique du taux de maîtrise des compétences, alors il faudra mettre en œuvre des actions de formations, comme cela est précisé au chapitre 4. Les actions à mener sont contenues dans les chapitres 3, 4, 5 et 6, qui développent les quatre axes et les quatre baromètres : activités, compétences, organisation et clients.

La fonction excellente illustre une situation où le taux de performance est supérieur à 75 %, obtenu par des valeurs fortes et/ou moyennes sur les quatre dimensions. La fonction ressources humaines remplit pleinement ses objectifs et se positionne comme un domaine d'excellence pour l'entreprise. L'entreprise est reconnue pour son expertise dans ce domaine et se caractérise par l'efficacité et la performance. Le seul objectif consiste à maintenir cet état d'excellence.

La fonction satisfaisante est caractérisée par un taux de performance oscillant entre 50 % et 75 %. Ce qui est réalisé par la fonction ressources humaines est acceptable. Elle remplit son contrat sans innovation ni zèle particulier. Cette notion de réalisation *a minima* de ce qui a été demandé peut être variable selon les dimensions. Ce taux moyen peut être obtenu par un niveau élevé sur quelques dimensions et des taux très bas sur les autres. Les thèmes à améliorer devront faire l'objet d'un plan d'actions à court ou moyen terme.

La fonction à améliorer correspond à un taux de performance entre 25 % et 50 %. Avec une telle évaluation, il n'y a pas de domaine d'excellence, mais des valeurs moyennes et basses, faisant état d'une situation où la fonction ressources humaines répond de manière partielle à ses obligations et aux attentes de ses clients. Il y a de grosses lacunes à corriger en analysant les raisons et en évaluant les modalités de transformation envisageables à moyen terme.

La fonction à risques est qualifiée par un taux de performance inférieur à 25 %. Ce taux est généralement obtenu par des taux très faibles (inférieurs à 25 %) dans l'ensemble des quatre dimensions de l'analyse. Cette situation fait état d'un fonctionnement très dégradé de la fonction ressources humaines, qui ne lui permet plus de réaliser le minimum qui lui est demandé, avec des risques très forts de non-réalisation d'activités. Le périmètre de son intervention est partiel et ne correspond plus aux attentes de ses clients au sens large ; il y a un réel décalage entre les activités réalisées et les activités attendues dans les domaines d'intervention sur lesquels son implication est souhaitée. Ces incidents décrédibilisent la fonction. Les décisionnels et managers ne disposent plus des informations et des outils suffisants pour gérer la variable humaine dans l'entreprise. Dans ce cas, il est urgent de mettre en place un audit de la fonction avec des actions de restructuration sur l'ensemble des quatre dimensions.

La synthèse des quatre baromètres

La figure suivante illustre un panorama des quatre baromètres et de la synthèse. En dessous de chaque baromètre peuvent figurer les variables les plus fortes et les plus faibles pour identifier les raisons de cette évaluation. Il est également possible de faire des courbes d'évolution dans le temps pour apprécier les effets des actions entreprises.

Figure 30 : Ensemble des baromètres de l'évaluation fonctionnelle

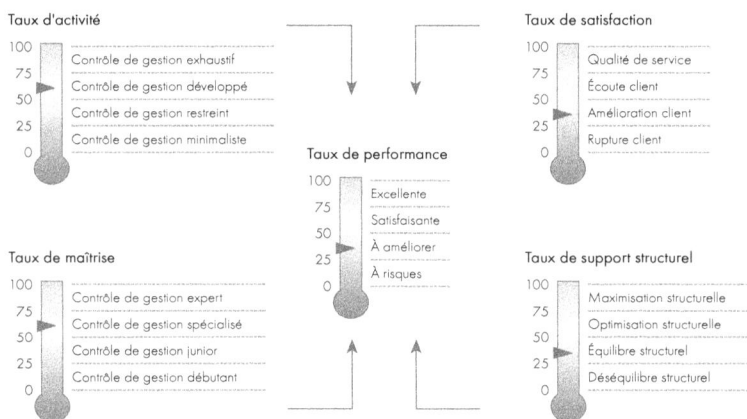

Les démarches d'amélioration de la fonction RH

Les résultats obtenus avec le taux de performance global, le taux d'activité, le taux de maîtrise, le taux de support structurel et le taux de satisfaction sont des repères de gestion en tant que tels, mais ils peuvent également être utilisés pour la construction de matrices aidant à définir les démarches d'amélioration de la fonction ressources humaines. Ces matrices permettent de compléter les analyses précédentes et de positionner la fonction dans des catégories illustrant son niveau de performance.

La matrice d'analyse stratégique

La performance de la fonction ressources humaines est à relativiser selon l'importance stratégique de la fonction au sein de l'entreprise et de son positionnement général, vis-à-vis notamment des autres directions.

Au chapitre 2, nous avons abordé le périmètre des activités qu'une fonction ressources humaines peut couvrir au sein d'une entreprise. Nous avons également vu, au chapitre 5, les différentes approches organisationnelles de la fonction ressources humaines au sein des entreprises. Les démarches d'amélioration de la fonction seront dès lors dépendantes de ces deux facteurs : l'ambition donnée à la fonction ressources humaines, son implication dans les orientations stratégiques à moyen et long terme et sa proximité avec le business et les entités opérationnelles.

Les actions à mener pour améliorer la performance de la fonction ressources humaines seront donc en lien avec la principale mission qui lui est attribuée et le degré de proximité avec ses clients internes.

Il est important pour une entreprise de rapporter l'évaluation de performance au positionnement qu'elle donne ou entend donner à la fonction ressources humaines.

Figure 31 : Matrice d'analyse stratégique de la fonction RH

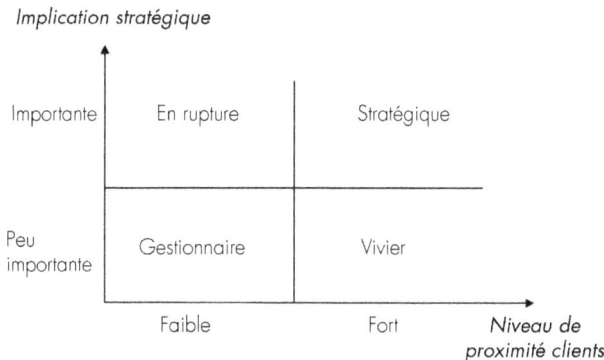

La fonction gestionnaire

L'implication de la fonction ressources humaines et l'alignement des moyens par rapport aux objectifs *business* de l'activité de la société sont faibles. La fonction ressources humaines participe à la solidité des structures de base de l'entreprise et à sa bonne marche (qualité des fichiers des effectifs, qualité des contrats, gestion des horaires, réalisation des déclarations sociales et fiscales, dans les délais notamment). La qualité des documents réglementaires et des données comptables produits est bonne. La fonction ressources humaines intervient en réaction par rapport à une sollicitation extérieure. Les interactions avec les autres entités sont réduites.

La fonction vivier

La fonction ressources humaines vivier est reconnue comme force de proposition vis-à-vis de ses clients. Elle est source d'initiatives et de prestations créatives qui vont au-delà de sa mission et des attentes. Elle constitue une ressource potentielle de performance si elle est impliquée dans les projets et enjeux d'organisation et de structure de l'entreprise. *A contrario*, la fonction peut décevoir ses collaborateurs si les activités et dispositifs proposés ne sont pas reconnus et si le potentiel d'évolution de la fonction est limité.

La fonction stratégique

La fonction ressources humaines est considérée comme stratégique lorsqu'elle répond sur l'ensemble des pratiques existantes au sein de l'entreprise au niveau d'exigence fixé par ses clients ; lorsque les ressources contribuant aux activités de la fonction ressources humaines sont en phase tant en nombre qu'en termes de profil avec les ambitions de la fonction ; lorsqu'elle est reconnue par la direction générale et la ligne hiérarchique comme un élément moteur pour les ambitions de l'entreprise et comme délivrant des informations, processus et ressources à court et moyen/long terme en cohérence avec le développement de l'entreprise.

La fonction en rupture

Dans ce cas de figure, la fonction ressources humaines est jugée déficiente par rapport aux activités attendues et par rapport à son rôle au sein et à l'extérieur de la société. Ses pratiques ne sont pas corrélées à la réalité du terrain. Les actions menées ne sont pas reconnues ni adoptées par les clients internes. Le lien entre le stratégique et l'opérationnel se détend. Un plan d'actions correctives doit être mis en œuvre pour accompagner la fonction ressources humaines dans l'amélioration de ses performances.

La matrice d'analyse multidimensionnelle

La matrice d'analyse multidimensionnelle permet d'établir un diagnostic qualitatif à partir des quatre taux d'évaluation constituant le taux de performance global. Cette matrice distingue, en ordonnée, les quatre niveaux d'analyse du modèle (activités, compétences, structure, clients) et, en abscisse, les taux de performance. Les valeurs de ces taux n'y figurent pas la valeur centrale de 50 qui permet ainsi de distinguer un environnement de performance d'un environnement de contre-performance. Ainsi, pour chaque niveau, nous pouvons identifier un type de ressources humaines performant et un type nécessitant des évolutions et des transformations.

La matrice d'analyse multidimensionnelle permet d'associer aux mesures de taux des éléments qualitatifs caractérisant le fonctionnement d'une entité ressources humaines. Ces renseignements qualitatifs utilisent des éléments de langage pour sensibiliser et mobiliser les différents acteurs des ressources humaines afin que ceux-ci prennent conscience de la situation et s'engagent dans un plan d'actions.

Figure 32 : Matrice d'analyse qualitative de la fonction RH

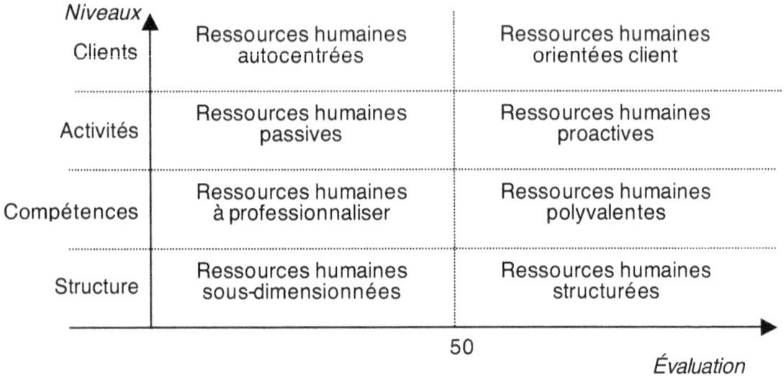

Les insuffisances constatées nous amènent à réfléchir aux différentes causes qui peuvent se présenter. De leur bonne compréhension se dégageront les pistes d'amélioration.

Au niveau clients

Les ressources humaines orientées clients sont à l'écoute des attentes et des problématiques propres à chaque entité cliente. La fonction ressources humaines et ses clients interagissent de façon productive. Les clients reconnaissent les compétences et la valeur ajoutée apportée par cette fonction. Le bon service est dispensé au bon moment, en phase avec les orientations stratégiques de la structure concernée.

Les ressources humaines autocentrées renvoient au fonctionnement d'un service qui réalise ses activités en ne prenant pas ou insuffisamment en considération la satisfaction donnée à ses clients tant en interne qu'en externe. Cette situation peut s'expliquer par des problématiques de management, par une méconnaissance des relations client/fournisseur ou bien encore par un dysfonctionnement fonctionnel.

Au niveau activités

Les ressources humaines proactives couvrent l'ensemble des activités de la fonction. La fonction a adopté une approche en anticipation dans son mode de gestion, dans sa relation avec les clients, dans les projets gérés et auxquels elle est associée. Elle est reconnue comme réalisant à la fois les activités de base de la fonction mais aussi comme force de proposition pour développer et mettre en œuvre des activités évoluées, présentées au chapitre 2 de cet ouvrage.

Les ressources humaines passives en revanche ne remplissent pas de façon suffisante ni satisfaisante les missions qui lui sont imparties. La fonction ressources humaines fait courir un risque certain à l'entreprise. Cette situation doit faire l'objet d'un plan d'action fort portant sur l'analyse des compétences, des motivations, des outils et des ressources plus globalement affectées à cette fonction.

Au niveau compétences

Les ressources humaines polyvalentes disposent de la diversité des savoir-faire nécessaires pour remplir des missions généralistes comme des missions d'expertise en réponse aux attentes de ses clients. La fonction ressources humaines a su se doter des équipes idoines. Elle a su faire évoluer les profils dont elle a besoin au fil de ses évolutions et de la variété des activités dédiées. Elle sait, le cas échéant, faire appel à des compétences extérieures nécessaires et qui pourraient lui faire défaut de façon temporaire.

Les ressources humaines à professionnaliser correspondent à une fonction dans une situation à risques. Les profils et compétences en place ne répondent plus aux attentes des clients, ne savent plus ou pas réaliser les missions qui leur sont attribuées dans le niveau de qualité et de délai requis. Cette situation peut s'expliquer par une absence de recrutement ou des recrutements en décalage par rapport aux missions. Le manque d'accompagnement sous forme de formation ou de professionnalisation des équipes peut également être une des causes de cet état.

Au niveau structure

Les ressources humaines structurées recouvrent plusieurs notions. Cela signifie d'une part que la fonction ressources humaines est dimensionnée en cohérence avec les effectifs et/ou les clients avec lesquels elle va interagir. D'autre part, les ressources affectées à la fonction ressources humaines sont localisées et rattachées fonctionnellement et hiérarchiquement aux entités qui lui permettent d'être le plus efficace. La mobilisation des ressources de la fonction ressources humaines se fait ainsi de la meilleure façon pour recueillir les besoins de ses clients.

Les ressources humaines sous-dimensionnées soulignent l'insuffisance en nombre des collaborateurs travaillant pour cette fonction. Cette insuffisance est perçue comme telle par les clients. Cela signifie-t-il pour autant que le fait de renforcer en nombre la structure ressources humaines suffirait à résoudre cette situation ? Un second axe de diagnostic devra être abordé : la pertinence de la localisation des ressources et les modalités de leur affectation. C'est à l'aide de ce double éclairage que des réponses à cette situation pourront être apportées et un plan d'actions bâti.

Synthèse

La synthèse des quatre axes permet l'obtention d'un taux de performance global qui constitue une cotation de la fonction ressources humaines dans son ensemble. Ce taux de performance global peut être utilisé pour comparer les ressources humaines d'une entreprise avec celles d'autres organisations. Cette mesure peut être analysée dans le temps pour apprécier son évolution en fonction des actions d'amélioration entreprises. Ce taux peut également être intégré dans le tableau de bord général de l'entreprise et être utilisé comme une variable de gestion permettant une prise de conscience de la situation et la proposition d'amélioration par les principaux intéressés.

Chapitre 8

Exemples d'utilisation
du modèle d'évaluation fonctionnelle
de la fonction RH

▓ Cas n° 1 : identifier les compétences clés et anti-
ciper les besoins
▓ Cas n° 2 : coordonner les efforts RH
▓ Cas n° 3 : fidéliser et mieux gérer les carrières
▓ Cas n° 4 : mettre en cohérence des méthodes et
approches RH
▓ Cas n° 5 : accompagner les actions de RSE

Le modèle d'évaluation fonctionnelle (MEF) appliqué à la
fonction ressources humaines constitue une grille de diagnostic
et de mesure qui permet de répondre à de nombreuses questions de management de cette fonction. Il est possible d'utiliser
l'ensemble du modèle pour réaliser un diagnostic global ou
bien de mobiliser un des quatre pôles pour traiter une question
spécifique. Même si on utilise plus particulièrement les résultats d'un pôle, il est intéressant de réaliser les mesures sur les
autres pôles en les considérant comme des pistes d'explication.
Par exemple, un taux de satisfaction faible pourra être expliqué
par un taux de compétence ou un taux d'activité faible. Un
taux d'activité faible peut être lié à un mauvais dimensionnement de l'équipe.

Les questions générales traitent de l'apport de valeur de la fonction pour l'entreprise et de l'optimisation des ressources allouées, comme le montrent les interrogations suivantes :

▶ Est-ce que la fonction ressources humaines est en situation d'apport de valeur aux processus productifs et à l'ensemble de l'entreprise ?

▶ Les ressources allouées à la fonction ressources humaines sont-elles suffisantes et optimisées ?

▶ Quelle est la meilleure combinaison de ressources et d'activités pour la fonction ressources humaines ?

Les questions spécifiques de management sont multiples. Elles peuvent émaner d'une direction générale, d'un responsable du service ressources humaines ou des managers opérationnels. La liste suivante donne un aperçu des principales questions de management de la fonction :

▶ Est-ce que la fonction ressources humaines réalise toutes les activités qu'elle devrait réaliser ?

▶ Les activités de la fonction ressources humaines sont-elles adaptées aux besoins de la stratégie de l'entreprise ?

▶ La fonction ressources humaines est-elle adaptée aux besoins et à la culture de l'entreprise ?

▶ La fonction ressources humaines est-elle à la pointe de l'innovation ?

▶ Les personnes de la fonction ressources humaines sont-elles compétentes ?

▶ La fonction ressources humaines a-t-elle une bonne connaissance des métiers de l'entreprise ?

▶ La fonction ressources humaines dispose-t-elle des compétences comportementales et relationnelles souhaitées ?

▶ Est-ce que la fonction ressources humaines est bien dimensionnée en termes de ressources par rapport à ce qui lui est demandé ?

▶ La fonction ressources humaines coûte-t-elle trop cher ?

▶ La fonction ressources humaines est-elle bien positionnée dans l'organisation ?

▶ Qui sont les clients de la fonction ressources humaines ?

▶ Quel est le niveau de satisfaction des clients de la fonction ressources humaines ?

▶ Les personnes de la fonction ressources humaines savent-elles se créer un réseau interne d'interlocuteurs ?

Avec l'objectif de vous donner des clés d'opérationnalisation du modèle présenté, nous vous proposons cinq exemples d'utilisation du modèle au travers de cinq cas d'entreprises qui illustrent des situations concrètes d'utilisation.

Ces cas sont issus de situations d'entreprise. Pour des raisons de confidentialité, les noms n'ont pas été mentionnés. Les cas sont ici présentés à titre pédagogique pour l'utilisation du MEF.

Cas n° 1 : identifier les compétences clés et anticiper les besoins

Contexte d'entreprise

Une société industrielle exerçant son activité dans les matériaux de construction dispose de nombreuses usines en France et à travers le monde. L'une de ses usines a vu ses effectifs se renouveler de 50 % en deux ans à la suite de départs en retraite massifs et de départs brutaux, dus à des congés longue durée notamment. Des embauches ont été réalisées rapidement et un plan de formation a été mis en œuvre pour accompagner les nouveaux entrants. Malgré ces actions, au bout de six mois, les pertes de production sont grandes et ne se réduisent pas ; l'organisation des équipes n'est pas pérenne et peine à se mettre en œuvre de façon satisfaisante. La DRH centrale a souhaité comprendre comment son action est perçue par ses clients et à l'analyser pour pouvoir mieux répondre à cette situation.

Diagnostic MEF

La grille de diagnostic MEF a été déployée sur les principales activités, la maîtrise des compétences et le positionnement structurel de la RH en local. Les résultats obtenus ont pu faire ressortir un certain nombre d'axes de réflexion.

Diagnostic MEF du cas n° 1

Thèmes d'évaluation	Évaluation
Activités pilotage RH	20 %
Activités gestion des carrières	75 %
Activités gestion administrative	80 %
Activités gestion des relations sociales	80 %
Activités développement RH	30 %
Taux d'activité	*57 %*
Savoirs techniques	70 %
Savoirs comportementaux	70 %
Savoirs métier	20 %
Taux de maîtrise des compétences	*53 %*
Positionnement	40 %
Fonctionnement	65 %
Enjeux	50 %
Ressources	45 %
Taux de support structurel	*50 %*
TAUX DE PERFORMANCE GLOBAL	53 %

Figure 33 : Taux de performance du cas n° 1

Taux de performance

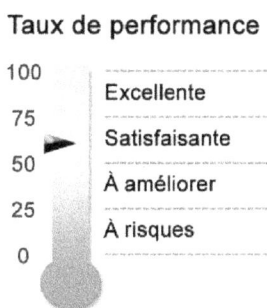

Le taux de performance est de 53 %, ce qui révèle une situation *a priori* satisfaisante. Il est à supposer que l'approche de recrutement et de formation a été reconnue puisque le taux de satisfaction de l'activité gestion des carrières est nettement supérieur à 50 %. Cependant, plusieurs résultats mettent en lumière les zones à risques dans l'approche des ressources humaines en cours au sein de l'usine et dans la configuration d'organisation RH actuelle : l'activité de pilotage est quasi inexistante, tout comme l'activité de développement RH. Ces deux activités traduisent une vision court-termiste de la fonction ressources humaines, qui a dû faire face à des départs impromptus et plus massifs qu'attendu. Le manque d'anticipation et d'outils pour mesurer et gérer les emplois est mis en exergue. Même si l'activité gestion des carrières a été bien évaluée, dans la mesure où les ressources nécessaires ont été trouvées, cette activité est contrebalancée par le score lié aux savoirs métiers. Cela peut révéler une distorsion entre le recrutement et la réalité vécue sur le terrain des besoins réels. Enfin, les taux non satisfaisants obtenus aux items positionnement et ressources peuvent laisser penser que les ressources humaines en local n'ont pas été dimensionnées pour pallier cette situation, ni suffisamment accompagnées pour répondre sur le moyen et long terme à cette situation à risques pour l'usine.

Solutions mises en œuvre

Une approche et une analyse des compétences clés doivent être mises en œuvre pour piloter les ressources humaines de l'usine sur le long terme. Il paraît indispensable de comprendre quels sont les savoir-faire qui ont disparu et qui n'ont pas été transmis malgré le plan de formation déployé. Aucun pilote métier n'ayant été gardé pour assurer le passage de relais, des réflexions doivent être menées pour voir comment réintégrer au plus vite, au sein de cette équipe fortement renouvelée, des savoir-faire issus des usages, ceux qui ne s'apprennent pas en formation mais qui sont le fruit des expériences : rappel d'anciens ; échanges de bonnes pratiques entre les équipes à travers des « arbres à Post-it ». L'analyse des compétences clés permettra également sur le long terme de mieux définir les besoins en formation et, en amont, de mieux recruter.

Sur l'activité développement RH, il apparaît là aussi nécessaire de mettre en œuvre des actions visant à fédérer les nouveaux collaborateurs ayant à faire face à une situation difficile. Des actions formelles et informelles de communication et de motivation doivent être mises en œuvre avec une implication forte des managers pour faire émerger et s'exprimer les difficultés vécues, fédérer les collaborateurs à travers de petits événements et créer une nouvelle histoire.

Enfin, la DRH centrale se doit d'accompagner physiquement les collaborateurs de la fonction RH locale et leur apporter son savoir-faire, dans les activités pour lesquelles ils sont les moins expérimentés, et confirmer à l'équipe locale la mobilisation de la DRH sur leur usine.

Cas n° 2 : coordonner les efforts RH

Contexte d'entreprise

Une société de services internationale a su développer en France et à travers le monde un ensemble de services complets auprès de ses clients internationaux, services en développement informatique, en conseil et en infogérance. Au cours des cinq dernières années, un nombre important de nouveaux collaborateurs ont été embauchés, dans un secteur où le turnover est significatif. La diversité de l'offre de service s'est concentrée dans un contexte concurrentiel visant à normaliser les prestations proposées.

Les ressources humaines ont cependant peu évolué dans leur structure et leur mode de fonctionnement. Le « staffing » des missions prime, c'est-à-dire pouvoir présenter au responsable d'une mission les candidats en interne disponibles et dont le profil répond à l'expérience requise. Pour les collaborateurs qui ne sont pas en mission, un panel de formations doit être effectué.

Diagnostic MEF

Le *turnover* structurel de cette société reste dans la moyenne du secteur. Lors du départ de chaque collaborateur, un bilan est réalisé sous la forme d'un entretien avec chacun et la DRH, pour comprendre les motivations du départ. Des remarques récurrentes liées à l'organisation des ressources humaines sont formulées. La grille de diagnostic MEF a donc été déployée sur les principales activités ainsi que sur les éléments structurels, pour essayer d'aller plus loin dans l'analyse et la compréhension des points de progrès. Les résultats obtenus sont les suivants.

Thèmes d'évaluation	Évaluation
Activités pilotage RH	30 %
Activités gestion des carrières	75 %
Activités gestion administrative	80 %

Thèmes d'évaluation	Évaluation
Activités gestion des relations sociales	80 %
Activités développement RH	35 %
Taux d'activité	*60 %*
Positionnement	40 %
Fonctionnement	25 %
Enjeux	32 %
Ressources	30 %
Taux de support structurel	*32 %*
TAUX DE PERFORMANCE GLOBAL	46 %

Figure 34 : Taux de performance du cas n° 2

Taux de performance

Le taux de performance est de 46 %, ce qui révèle une situation à améliorer. Ce taux conforte l'idée et le ressenti latent qui portent sur les ressources humaines. L'analyse plus avancée des taux obtenus par activité est dès lors nécessaire.

Le questionnaire de la pratique gestion des carrières fait ressortir les points suivants : l'activité recrutement est reconnue comme très satisfaisante ; le processus mis en œuvre et le plan de recrutement sont reconnus comme lisibles et comme étant en corrélation avec les objectifs de l'entreprise et l'image de celle-ci ; l'activité formation est en revanche beaucoup plus à risques. Filiale française d'une société internationale, la société adopte des méthodes et des outils de travail communs à l'ensemble des filiales. La formation fait partie intégrante des outils qui contribuent à bâtir l'esprit maison. L'approche est valable et acceptée dès lors qu'il s'agit de logiciels et de méthode. En revanche, elle est beaucoup moins vraie quand il s'agit d'apprendre ou d'approfondir la connaissance d'un secteur d'activité et des entités qui le composent. Ces données sont inhérentes à la culture nationale/locale et ne répondent plus aux standards internationaux proposés. Le plan de formation se décline par secteur d'activité et par niveau d'expérience. Sa lisibilité et le niveau d'accès à l'information sont reconnus. En revanche, il ressort qu'il existe un réel décalage entre les contenus et la réalité vécue dans les secteurs d'activité au niveau national/local. Le plan de formation est pertinent pour un nouveau collaborateur qui se forme aux fondamentaux. L'offre de formation est rejetée par les personnes disposant d'un peu plus d'expérience. Ce point est reconnu également en interne par les collaborateurs des ressources humaines, qui, sur ce point, ne maîtrisent pas suffisamment le contenu du plan de formation et ne peuvent plus dès lors être les relais auprès des collaborateurs de l'offre de formation. Cela se traduit notamment à travers le taux lié au positionnement et au fonctionnement de la fonction RH.

Le taux insatisfaisant du fonctionnement RH (25 %) révèle un point saillant : l'anonymat des collaborateurs vis-à-vis de leur RH. Les équipes RH sont principalement composées de spécialistes RH jeunes et dont le turnover est à noter également. Les collaborateurs en mission ont pour interlocuteur un ensemble de spécialistes RH dédiés à un secteur d'activité et à un type de prestations. Ils n'ont pas nécessairement rencontré ces spécialistes puisque la plupart des échanges se font à distance.

Solutions mises en œuvre

Une première analyse des éléments du diagnostic MEF permet de dessiner les principaux axes d'action :

▸ Concevoir et décliner des formations à portée internationale au niveau local dans leur contenu, leur forme et leur format. Ces formations pourraient venir en complément de l'offre existante. Elles permettraient aux collaborateurs de se mobiliser et de s'investir de façon plus importante encore dans le secteur d'activité et les prestations sur lesquelles ils interviennent. Ils trouveraient ainsi une ou des réponses à leurs attentes de formation, opérationnelles, concrètes et immédiatement transposables car proches de leur vécu quotidien. Les formations à portée plus internationale seraient alors réservées aux formations plus généralistes, portant sur des méthodes, des offres porteuses de valeurs communes à l'entreprise.

▸ Faire évoluer les profils des membres de l'équipe de staffing et renforcer la proximité entre les ressources humaines et les collaborateurs en mission. Des opérationnels seront intégrés aux équipes de *staffing*. Des temps RH seront organisés entre les personnes en charge d'un pool de collaborateurs intervenant sur le même secteur d'activité et pour le même type de prestation afin de leur permettre de se connaître et d'échanger avec les interlocuteurs RH.

Cas n° 3 : fidéliser et mieux gérer les carrières

Contexte d'entreprise

Une entreprise de cosmétiques et de soins de beauté de renommée mondiale a connu une croissance annuelle en termes d'effectifs de près de 10 % au cours des dix dernières années. Soucieuse de conserver dans ses équipes des collaborateurs dont le niveau de savoir-faire est reconnu et fortement recherché par les plus grands groupes, la société a souhaité prêter une attention particulière à la gestion individuelle des carrières. C'est dans ce contexte que l'outil de diagnostic MEF a été utilisé.

Diagnostic MEF

Diagnostic MEF du cas n° 3

Thèmes d'évaluation	Résultat
Activités pilotage RH	30 %
Activités gestion des carrières	55 %
Activités gestion administrative	80 %
Activités gestion des relations sociales	60 %
Activités développement RH	45 %
TAUX DE PERFORMANCE GLOBAL	54 %

Figure 35 : Taux de performance du cas n° 3

Taux de performance

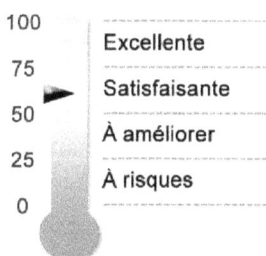

Le taux de performance global des activités est relativement satisfaisant puisqu'il atteint 54 %. Ce taux reste, bien entendu, à relativiser au regard de ses composantes et des activités ayant les taux les plus faibles telles que les activités pilotage RH et développement RH. L'analyse détaillée du questionnaire fait également ressortir deux points saillants concernant la rémunération et la mobilité.

Ces activités se révèlent plus particulièrement sensibles sur les items suivants :

▶ Pour l'activité rémunérer : un décalage des rémunérations par rapport aux pratiques du marché est relevé.

▶ Pour l'activité mobilité : les managers souhaitent améliorer la lisibilité des règles en termes de mobilité (géographique et fonctionnelle).

▶ Pour l'activité développement RH : le manque d'implication des managers dans les prises de décisions stratégiques est souligné ; l'absence de solution de rémunérations variables attractives au regard des offres de concurrents est mise en avant ; les modalités de détection des potentiels et le rôle des managers dans cette gestion des carrières mérite d'être clarifiés.

Solutions mises en œuvre

Chacune des activités à améliorer a été traitée comme une activité à risques. Des chantiers ont été mis en œuvre pour aborder chacun des sujets identifiés :

▶ revaloriser les salaires par rapport au marché et trouver des produits attractifs ;

▶ accompagner les collaborateurs : refonte des processus d'évaluation explicitant le rôle actif des managers à chacune des étapes, définition de règles de mobilité ;

▶ participer à la croissance : réflexion sur la mise en œuvre d'un plan d'actions gratuites.

Cas n° 4 : mettre en cohérence des méthodes et approches RH

Contexte d'entreprise

Une entreprise dans le secteur des assurances est organisée sous forme d'un groupe d'entités dont l'autonomie en termes de gestion est forte. Chaque entité dispose de sa propre équipe de ressources humaines, pilotée par un DRH. La stratégie RH est définie au niveau du groupe et est portée et déclinée au sein de chacune des entités. Les réunions mensuelles des DRH font néanmoins apparaître des disparités fortes dans les modalités de gestion des ressources humaines. La seule explication des spécificités régionales ne semble pas suffisante à justifier les raisons de ces écarts. Dans ce contexte, une analyse des enjeux et besoins RH a été menée.

Diagnostic MEF

La grille de diagnostic MEF a été déployée sur les principales entités, afin de mieux cibler les champs d'action prioritaires.

Thèmes d'évaluation	Résultat
Activités pilotage RH	30 %
Activités gestion des carrières	75 %
Activités gestion administrative	80 %
Activités gestion des relations sociales	80 %
Activités développement RH	46 %
Taux d'activité	*62 %*
Savoirs techniques	72 %
Savoirs comportementaux	68 %
Savoirs métier	52 %
Taux de maîtrise des compétences	*60 %*
Positionnement	20 %
Fonctionnement	45 %
Enjeux	65 %
Ressources	70 %
Taux de support structurel	*52 %*
TAUX DE PERFORMANCE GLOBAL	**58 %**

Figure 36 : Taux de performance du cas n° 4

Taux de performance

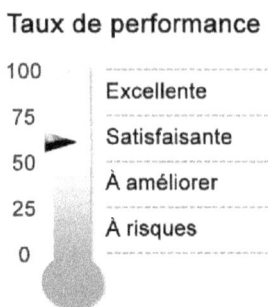

Le taux de performance global des activités est très satisfaisant, puisqu'il atteint 58 %. Ce taux reste, bien entendu, à relativiser au regard de ses composantes ayant les taux les plus faibles, à savoir le pilotage et la composante structurelle positionnement. Le niveau de compétences des équipes RH n'est pas remis en cause. Il paraît même en forte cohérence avec les métiers exercés au sein du groupe, une partie significative d'entre eux étant issue du terrain et de l'opérationnel.

Ce qui ressort de l'analyse, ce sont principalement :

▸ l'absence d'outils de référence communs dans l'analyse de l'activité des équipes RH. Chaque entité a développé ses propres reportings, ses propres tableaux de bord (quand ils existent). Des échanges de bonnes pratiques entre entités RH ont pu être observés, mais aucune mutualisation n'a été opérée ;

▸ des demandes fortes issues des équipes RH traitent du besoin de partager sur leurs propres expériences et d'ancrer plus profondément le sentiment d'appartenance à un groupe, aujourd'hui trop diffus ;

▸ un soutien plus fort du groupe est attendu au sein de chaque entité, dans l'application de la stratégie comme dans la gestion de certains cas du point de vue juridique.

Solutions mises en œuvre

Compte tenu des attentes exprimées, une analyse significative des modes de fonctionnement et de communication a été engagée au sein de la DRH centrale. L'objectif de ce chantier est critique : mieux accompagner les entités pour s'assurer ainsi une meilleure diffusion de la stratégie générale et de la stratégie RH du groupe.

Plusieurs axes de réflexion ont été engagés :

▶ identification des besoins en matière de reportings et de suivi (fréquence, format, qualité des données attendues, etc.). Ce chantier doit permettre d'aboutir à la création d'un cahier de référence RH, mensuel, commun dans sa structure à toutes les entités, pouvant être partagé avec les directions régionales et permettant une comparaison aisée des problématiques de chacun. Une bibliothèque de requêtes standardisées sera mise en œuvre pour répondre aux besoins ponctuels des collaborateurs RH ;

▶ dans un premier temps, des réunions regroupant les responsables des ressources humaines et les responsables des relations sociales seront mises en œuvre, afin de faciliter les rencontres et les échanges sur les problématiques ;

▶ les équipes en charge du suivi juridique, des processus de recrutement et également de la formation accompagneront sur le terrain (à des fréquences à définir et/ou en fonction des besoins) les équipes des entités en région : aide à la mise en place de recrutements collectifs, par exemple.

Cas n° 5 : accompagner les actions de responsabilité sociétale

Contexte d'entreprise

Une entité du monde bancaire, rattachée à un groupe ayant engagé des réflexions sur son engagement en termes de responsabilité sociétale et de développement durable, souhaite faire le bilan des premières actions entreprises, au sein de sa structure, auprès des salariés et des syndicats.

Diagnostic MEF

La grille de diagnostic MEF a été déployée auprès d'un échantillon représentatif de salariés (cadres, techniciens, intérimaires). Les thèmes ayant fait l'objet de l'analyse sont les suivants.

Thèmes d'évaluation	Résultat
Activités pilotage RH	53 %
Activités gestion des carrières	70 %
Activités développement RH	30 %
Taux d'activité	*51 %*
Positionnement	32 %
Fonctionnement	40 %
Enjeux	78 %
Ressources	70 %
Taux de support structurel	*55 %*
TAUX DE PERFORMANCE GLOBAL	53 %

Figure 37 : Taux de performance du cas n° 5

Taux de performance

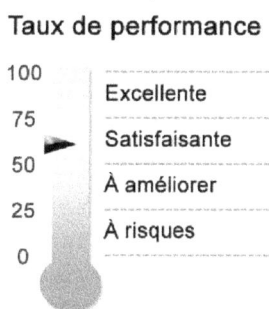

Le taux de performance global des activités est en apparence satisfaisant. Le taux de 53 % pourrait permettre aux ressources humaines de tirer un bilan relativement positif des actions engagées. Cependant, les variations de résultat de chacune des activités laissent entrevoir une interprétation assez différente de la situation. Les activités développement RH et pilotage RH doivent être revues en profondeur. De même, le taux de support structurel, s'il est relativement satisfaisant, fait apparaître des écarts significatifs sur lesquels il faudrait travailler.

Ce qui ressort de l'analyse :

▸ Pour l'activité développement RH : les actions dans lesquelles l'entreprise s'engage sont connues des salariés. Une communication régulière est opérée sur ces sujets et sensibilise les salariés. En revanche, la déclinaison opérationnelle des actions engagées semble manquer. Les managers, comme les salariés, attendent d'être concrètement sollicités sur ces sujets, ce qui semble faire défaut. Ainsi, l'accord signé en faveur de l'emploi et de l'insertion professionnelle des personnes en situation de handicap est connu : des mails ont été adressés aux managers ; des informations sont reprises sur le site intranet des RH. Les principales dispositions peuvent ainsi être consultées. En revanche, plusieurs mois après la parution de cet accord, aucun élément ne permet d'en mesurer l'application opérationnelle, les salariés et particulièrement les managers ne sont pas associés aux réflexions sur la déclinaison quotidienne de celui-ci.

» Pour l'activité pilotage RH : les managers comme les salariés syndiqués attendent des éléments de reporting, des éléments de mesure de l'efficacité des actions entreprises.

» Enfin, les taux obtenus par les composantes positionnement et fonctionnement de la fonction RH autour des sujets de responsabilité sociétale et de développement durable sont très nettement à améliorer. L'implication des ressources humaines, le rôle joué par cette équipe et la façon dont cette équipe échange avec les autres services sur ces sujets sont à revoir.

Solutions mises en œuvre

La DRH de l'entité prévoit par conséquent plusieurs actions :

» Associer dans un premier temps les managers, dans le cadre de groupes de travail et/ou de réunions de présentation. L'objectif de cette action est double : resserrer les liens entre les RH et les managers des services, en explicitant mieux les rôles de chacun ; présenter la démarche entreprise et le niveau d'implication des managers au sein des processus RH. Exemples : réflexion sur le programme d'intégration d'un travailleur handicapé ; information sur les handicaps et les adaptations nécessaires au poste.

» Créer des groupes de réflexion sur le thème du développement durable, sous forme d'ateliers. Chaque salarié sera invité à participer à fréquence régulière à l'un de ces ateliers. La durée sera assez courte, les résultats et suite donnée aux propositions seront communiqués, *via* l'intranet RH notamment. Exemples de thèmes : comment faire de notre entité une entité plus écologique ? Comment développer le covoiturage ?

» Mettre en place des indicateurs de mesure et de reporting.

Bibliographie commentée
de la fonction ressources humaines

Dans les chapitres précédents, nous avons déployé le modèle d'évaluation fonctionnelle (MEF) à la fonction ressources humaines. Le résultat de l'application de ce modèle a été d'administrer des questionnaires, en relation avec les différents référentiels, pour permettre une analyse thématique et globale conduisant à une évaluation de la fonction ressources humaines et, par là même, une formalisation de sa performance.

L'objet de notre ouvrage est de décrire une méthode d'évaluation plutôt que de traiter du contenu technique de la fonction ou de l'évolution de cette dernière. Un certain nombre d'ouvrages sont disponibles sur les techniques de la fonction ressources humaines, et nous vous proposons la liste commentée suivante qui vous permettra de compléter l'évaluation fonctionnelle par un contenu technique et traitant de pratiques dédiées.

E. Added, C. Dartiguepeyrou, W. Raffard, M. Saloff Coste, *Le DRH du 3ᵉ millénaire*, Village Mondial, 2007.

> Ouvrage témoignage de nombreux acteurs phares des DRH qui livrent leur vision de leur mission et de l'avenir des ressources humaines.

J. Allouche (collectif coordonné par), *Encyclopédie des ressources humaines*, Vuibert, 2003.

> 203 contributions pour découvrir et parcourir l'ensemble des détails de la gestion des ressources humaines.

D. Autissier, J.-M. Moutot, *Méthode de conduite du changement*, Dunod, 2007.

Un ouvrage de référence pour comprendre les approches et les outils de conduite du changement.

F. Bournois, S. Point, J. Rojot, J.-L. Scaringella, *RH : Les Meilleures Pratiques du CAC 40/SBF 120*, Eyrolles, 2007.

Un ouvrage détaillé qui allie la vision documentaire à l'analyse prospective au sein des plus grandes sociétés cotées françaises.

L. Cadin, F. Guérin, F. Pigeyre, *Gestion des ressources humaines*, 3ᵉ éd., Dunod, 2007.

Un ouvrage très complet sur les enjeux, l'organisation et les techniques de la fonction RH.

B. Calisti, F. Karolewicz, *RH et développement durable : une autre vision de la performance*, Éditions d'Organisation, 2005.

Un ouvrage pour mieux appréhender les enjeux liés au développement durable pour les ressources humaines et trouver des clés pour en comprendre les impacts possibles au sein de l'entreprise.

M. Capron, F. Quairel-Lanoizelée, *La Responsabilité sociale d'entreprise*, La Découverte, 2007.

Les auteurs présentent les différentes approches du concept de RSE.

J. Fombonne, *Personnel et DRH : L'Affirmation de la fonction personnel dans les entreprises (France 1830-1990)*, Vuibert, 2001.

Un ouvrage pour revisiter l'histoire des ressources humaines.

S. Guerrero, *Les Outils des RH*, Dunod, 2004.

L'auteur propose un ensemble d'outils pratiques de la fonction RH de manière synthétique et opérationnelle.

D. Hindley, P. Aparisi (préface de F. Bournois), *GPEC et PSE : Anticiper et accompagner les variations d'effectifs en entreprise*, Eyrolles, 2007.

Livre traitant de la méthodologie de gestion des carrières, des salariés et des plans de sauvegarde de l'emploi.

J. Igalens, J.-M. Peretti, *Audit social : meilleures pratiques, méthodes, outils*, Éditions d'Organisation, 2008.

Écrit par deux grands auteurs de la GRH, ce livre donne de nombreuses méthodes et pratiques de l'audit social, tout en montrant le lien entre performance économique et performance sociale.

P. Liger, *Le Marketing des ressources humaines : attirer, intégrer et fidéliser les salariés*, 2e éd., Dunod, 2007.

Ouvrage qui offre un regard d'actualité sur les meilleures pratiques à adopter pour son entreprise, PME ou multinationale, afin de mieux aborder le recrutement face au retournement démographique notamment.

B. Martory, D. Crozet, *Gestion des ressources humaines, pilotage social et performances*, Dunod, 2008.

Ouvrage pratique et opérationnel, qui expose les principales pratiques de chaque processus illustré d'un cas.

B. Martory, *Tableaux de bord sociaux*, Liaisons, 2004.

Un ouvrage qui donne des clés pour analyser, bâtir et suivre les principaux indicateurs nécessaires aux pilotes des ressources humaines.

G. Nicoletti et S. Scarpetta, « Product Market Reforms and Employment in OECD Countries », OCDE, décembre 2005.

Études de l'OCDE mettant en évidence la corrélation entre le capital humain et la croissance, et l'impact de la formation sur la fonction de production.

J.-M. Peretti, *Gestion des ressources humaines*, 14ᵉ éd., Vuibert, 2007.

> Ouvrage de référence pour approfondir la maîtrise technique des activités des ressources humaines.

M. Thévenet, C. Dejoux, É. Marbot, A.-F. Bender, *Fonctions RH : Politiques, métiers et outils des ressources humaines*, Pearson Education, 2007.

> Ouvrage pédagogique qui permet de découvrir ou de redécouvrir les missions et les actions de la fonction ressources humaines.

A. Stimec, *La Médiation en entreprise,* Dunod, 2007.

> Un livre pour découvrir d'un point de vue méthodologique et opérationnel les pratiques de médiation sociale en entreprise.

En complément de ces ouvrages, nous vous conseillons également la lecture de certaines revues et études comme :

Liaisons Sociales	http://www.wk-rh.fr
Personnel	http://andrh.fr
Courrier Cadres	http://www.apec.fr
Management	http://www.management.fr
Étude de l'observatoire Cegos	http://www.cegos.fr

Quelques sites Internet
sur la fonction ressources humaines

Certains sites centralisent un grand nombre d'articles de réflexion sur les ressources humaines et permettent d'aller plus loin sur les pratiques développées dans cet ouvrage.

e-rh.org

http://www.e-rh.org

Site de référence en matière de recherches RH, accès à des bases documentaires (articles de recherche, sites de référence, etc.), aux dates des principales manifestations.

Essec – Club Essec RH

http://www.essec.fr

Des articles de recherche et des synthèses de conférences sur les sujets RH actuels.

Euroclub

http://www.euroclub-hr.com

Site d'un club de dirigeants d'entreprises internationales ayant leur siège en Europe. Ce club s'est donné comme mission de promouvoir une approche européenne de la gestion des ressources humaines et de soutenir le rôle stratégique des cadres RH dans l'accompagnement du changement des entreprises. Des groupes de travail et des débats sont organisés pour encourager les échanges de bonnes pratiques et les débats.

IAS

http://www.auditsocial.org

> Institut international de l'audit social ayant développé un référentiel d'audit. Des formations et des conférences sont proposées.

ANACT

http://www.anact.fr

> Agence nationale pour l'amélioration des conditions de travail. Articles, études, guides et cas d'entreprises sur des actions menées sur la santé au travail et l'amélioration des conditions de travail notamment.

ORSE

http://www.orse.org

> Observatoire de la responsabilité sociétale des entreprises.

La lettre du management responsable

http://www.esdes-recherche.net

> Articles de recherche, lettre du management, colloques organisés par le GEMO (groupe de recherche en économie et management des organisations).

Novethic

http://www.novethic.fr

> Site d'information centré sur la responsabilité sociale des entreprises et sur l'investissement éthique.

La Halde

http://www.halde.fr

> Site de la Haute Autorité de lutte contre les discriminations et pour l'égalité.

Cercle des RH

http://www.cerclerh.com

Portail des ressources humaines essentiellement pour l'emploi des cadres de la fonction RH.

Nous vous conseillons également de naviguer sur les sites de recrutement des sociétés. La présentation, les points d'entrée proposés, les messages véhiculés sont révélateurs des approches RH des entreprises.

Les sites institutionnels apportent une bonne vision statistique et notamment de la fonction ressources humaines.

Apec

http://www.apec.fr

Site dédié au recrutement des cadres, proposant des études et analyses sur les sujets d'actualité de la RH.

Insee

http://www.insee.fr

Site de référence pour toute donnée statistique.

ANDRH

http://www.andrh.fr

Site de référence de l'Association nationale des directeurs des ressources humaines (ex-ANDCP). Articles, bibliothèques des principaux ouvrages RH, calendrier des principales manifestations.

Sites des syndicats

Tous les sites des syndicats sont une source de réflexion et d'analyse :

http://www.cfdt.fr ;

http://www.cgt.fr ;

http://www.medef.fr, etc.

Certains sites représentent de bons points d'entrée pour aborder notamment la problématique des systèmes d'information de la fonction ressources humaines.

Hr access

http://www.hraccess.fr

> Site enseigne de ce prestataire spécialisé dans l'implémentation de solutions RH.

Sap

http://www.sap.com/france

> Site enseigne présentant les partenariats et approches sur le marché RH.

Oracle-Peoplesoft

http://www.oracle.com/lang/fr/applications/peoplesoft/hcm/ent/index.htm

> Tous les processus RH à travers l'outil informatique. Un acteur incontournable du marché.

D'autres outils informatiques sont développés et proposés sur le marché pour répondre à un processus en particulier. Ces modules périphériques peuvent s'interfacer avec des ERP :

- formation : iProgress, SmartCanal, ADP-GSI ;
- compétences : PerformanSe, SharedValue ;
- gestion de CV : jobpartners, emailjob.com, etc.

Les problématiques actuelles de la fonction ressources humaines

Le modèle d'évaluation fonctionnelle présenté dans cet ouvrage permet de formaliser un outil applicable par tous, quelle que soit la configuration de la fonction ressources humaines au sein de son entreprise. Les activités présentées, si elles ne sont pas toutes couvertes au sein de l'ensemble des sociétés, vous permettent d'aborder des thèmes nouveaux pour votre entité et de susciter l'interrogation. Nous avons listé ci-dessous les questions que les acteurs des ressources humaines se posent concernant l'évolution de leur fonction. Vous trouverez également des interrogations pour lesquelles ils désirent avoir des éléments de réponse pour progresser dans la performance de cette fonction et plus généralement de leur entreprise.

Nous avons ainsi relevé les questions ou thématiques suivantes :

▶ Comment améliorer l'analyse des risques en termes de compétences ? De quels outils d'analyse et de gestion se doter ?

▶ Comment mettre en place une politique de gestion des risques liée au capital humain ?

▶ Comment préserver et transmettre les valeurs d'une entreprise tout en intégrant les changements organisationnels et culturels en permanence ?

▶ Comment améliorer la balance entre vie professionnelle et vie privée pour notamment fidéliser les meilleurs collaborateurs ?

▶ Comment mettre en place une cartographie de mes compétences et quels plans d'actions en tirer ?

- Comment définir de nouvelles priorités pour la fonction ressources humaines, pour accroître sa contribution dans les prises de décisions stratégiques de l'entreprise ?
- Comment fidéliser les talents et accompagner le développement du leadership ?
- Quel plan marketing RH mettre en œuvre pour gagner en visibilité, faire valoir les valeurs de l'entreprise et attirer les candidats ?
- Quelles pratiques externaliser et jusqu'où ?
- Comment réussir la mise en œuvre des systèmes d'information RH et pour quelles activités ?
- Comment contribuer à donner du sens à une carrière ?
- Comment organiser la fonction ressources humaines dans une entreprise au regard de la stratégie déployée ?
- Comment la fonction ressources humaines peut-elle contribuer à la vie locale, à la vie au sein de la cité ?
- Comment mesurer la performance sociale ? Comment sont perçus les investissements et les efforts de l'entreprise : faut-il faire appel à une agence de notation sociale ?
- Comment améliorer la démarche prospective de la fonction ressources humaines ?
- Comment caractériser et anticiper l'évaporation des compétences clés et améliorer la gouvernance des savoirs critiques ?
- Comment calculer le retour sur investissement de la fonction ressources humaines ?
- Quel est le rôle du DRH dans l'innovation ?
- Comment valoriser le capital humain *vs* le capital financier ?
- Comment valoriser les individualités, leur créativité au service de la collectivité ?
- Comment déployer concrètement des démarches de RSE (responsabilité sociale des entreprises) ?

Ces questions sont des pistes de réflexion pour l'évolution de la fonction ressources humaines et des thèmes vis-à-vis desquels il est important de se doter des connaissances et des compétences nécessaires pour les traiter.

Index des figures

Index thématique

www.ingramcontent.com/pod-product-compliance
Lightning Source LLC
Chambersburg PA
CBHW061215220326
41599CB00025B/4653